国際経済開発論

廣田 政一
寺崎 克志

学文社

◯ はしがき ◯

　21世紀における国際経済の進展はダイナミックであり，かつその速度は早まっていると思われる。途上国の開発問題と国際協力，WTOを軸とした国際貿易，「ユーロ通貨」登場による新たな国際金融システムという複雑化した世界の経済・社会に対し国際経済の理論や政策を体系的に理解することが今や求められている。

　国際協力，開発経済論，国際経済学についてはこれまで多くの学者により執筆され出版されてきた。しかし，これらの3つの分野をひとつに統合した「国際経済開発論」は筆者の知る限り出版されておらず，国際経済を総合的に学びたいという学生や社会人にとって本書は初心者でもわかる格好の入門書であると確信する。

　本書の特徴は第1に，このユニークさを活かし各セッションごとに質問を働きかけ回答を導く方法をとっている。記述はわかり易くかつ理解を助けるために可能な限り図表を盛り込んだ。第2に内容は基礎的な知識や理論にとどまらず，事例研究も取り入れ役に立つ実践的な内容とした。特に，国際協力と開発経済については筆者の豊富な実務経験によるものであり現況を踏まえた具体的なものとなっている。

　内容は目次を見て頂ければわかるかと思われるが，概要を示せば，以下の通りである。

　構成は「国際協力と国際開発」，「国際経済の基礎知識」の2部から成っている。第1部の第1章はODA（政府開発援助）の理解を深めることにある。第1節から第5節（除く第2節）はODAの内容と特徴についてである。すなわち，日本のODAの特徴について「量」と「質」の観点から他のドナー国や国際機関と比較しながら考察する。また，第2節においてはODAの歴史的背景を見

ることによりこの「タテ糸」を日本のODAの特徴である「ヨコ糸」と交差させ立体的に理解できるよう努めた。

第6節から第12節は上述の第5節までの前半が「総論」であるのに対し，「各論」である。プロジェクトサイクル論，ODAの評価，援助の経済評価（審査），援助の効果測定といった方法論にとどまらずODAと貿易，ODAとNGOの問題について可能な限り記述した。

第2章は，途上国が抱える諸問題についての記述である。

第1節は開発経済学の変遷について触れ，開発問題に対し，多くの学者や専門家がどのようにこの問題に対処してきたかを理解する。第3節から第6節は開発の諸問題を多面的な角度で見ていくものである。「教育」，「貧困」，「環境」，「債務」の4つの問題は開発のキーワードと考えられ，これらの要素は個々に独立しておらず相互に密接に関連している。他方，第2節では途上国にとって重要な「ギャップの理論」と援助の必要性について説明している。第7節から第12節は事例研究である。具体的な例を入れ読者の理解を助けるものである。第8節の「経済インフラと社会インフラ」と第13節の「南南協力と広域協力に対する支援」，第14節の「カントリー・リスク」は補論的な内容であるが途上国の開発問題理解には欠かせないテーマである。

第2部は第1部における国際協力や国際開発の議論に関連する国際経済の基礎知識について解説している。第1章は国際収支表について，第2章は外国為替取引について，第3章は貿易取引と貿易政策について，第4章は貿易構造を決める要因について，最後の第5章は国際投資の効果について基礎的な解説を与えている。

以上が本書の概要である。筆者は，読者が本書一冊で「国際開発」と「国際経済」の基礎知識を同時に学習し，現代の世界経済のメカニズムや動向を知る

上で有効活用して頂ければ幸いである。

　第1部については筆者が名古屋大学，慶應義塾大学，明治大学で教えた教材を纏めたものであるが，その基本となるものは筆者が勤務していた国際協力銀行（JBIC）や米州開発銀行（IDB）の他，国際協力事業団（JICA）から頂いた年次報告書等の公表資料である。また，事例研究については筆者が所属する日本国際経済学会等よりコメントを頂いた。この場をお借りし関係者には謝意を表明したい。

　第2部については筆者が税務大学校，国際商科大学（現東京国際大学），大原簿記学校，明治学院大学，杏林大学，野村證券，山梨大学，野村総合研究所，中央大学，中央郵政研究所，二松学舎大学，國學院大學，目白大学などで教鞭をとったときに使用した教材を中心に纏めたものである。筆者の授業を辛抱強く聴講してくれた多くの学生諸君に謝意を表したい。

執筆の分担は，以下の通りである。
第1部　廣田政一（目白大学人文学部地域文化学科教授）
第2部　寺崎克志（目白大学経営学部経営学科教授）

2003年1月

著　者

目　次

第1部　国際協力と国際開発

第1章　国際協力論 …… 2
- 第1節　政府開発援助（ODA） …… 2
- 第2節　開発援助の歴史 …… 8
- 第3節　先進国の援助 …… 11
- 第4節　国際機関の援助 …… 13
- 第5節　ODAの質 …… 14
- 第6節　プロジェクトサイクル論とPCM …… 17
- 第7節　ODAの評価とは何か …… 19
- 第8節　ODAと貿易 …… 22
- 第9節　ODAとNGO …… 23
- 第10節　民間企業の国際協力 …… 24
- 第11節　援助の経済評価 …… 25
- 第12節　援助の効果測定 …… 27

第2章　国際開発論 …… 29
- 第1節　開発経済学の変遷について …… 29
- 第2節　ギャップの理論 …… 32
- 第3節　教育と開発 …… 34
- 第4節　貧困と開発 …… 37
- 第5節　環境と開発 …… 40
- 第6節　債務問題と構造調整 …… 45

第7節 女性と開発
　　　　（バングラデシュのマイクロファイナンスを例として）……… 50
第8節 経済インフラと社会インフラ ……………………………………… 51
第9節 参加型開発（ベトナムを例として）……………………………… 52
第10節 地域経済統合（メルコスールを例として）……………………… 54
第11節 ODAと民間による開発（観光開発を例として）……………… 57
第12節 地域開発（中南米の開発の問題と課題を例として）………… 60
第13節 南南協力と広域協力に対する支援 ……………………………… 64
第14節 カントリー・リスク ……………………………………………… 65

第2部　国際経済の基礎知識

第1章 国際経済取引はどのように表記されるか …………………………… 70
　第1節 国際収支表とはどのようなものか …………………………………… 70
　第2節 国際収支の不均衡とは何か …………………………………………… 75
　第3節 国際収支と国内経済はどのような関係にあるか …………………… 81

第2章 外国為替相場とは何か ……………………………………………… 86
　第1節 外国為替とは何か ……………………………………………………… 86
　第2節 外国為替相場制度とはどのようなものか …………………………… 95
　第3節 外国為替相場と貿易はどのような関係にあるか ………………… 100
　第4節 外国為替相場と投資はどのような関係にあるか ………………… 110

第3章 国際貿易はどのようにして行われるか …………………………… 115
　第1節 自由貿易はどのようにして行われるか …………………………… 115
　第2節 自由貿易の利益とは何か …………………………………………… 118
　第3節 関税をかけると貿易はどのように変化するか …………………… 123
　第4節 数量を制限すると貿易はどのように変化するか ………………… 130

第5節　補助金給付により貿易はどのように変化するか ………… 134
　第6節　貿易を制限することにはどのような根拠があるか ……… 138

第4章　貿易構造はどのような要因によって決定されるのか ……… 146
　第1節　比較生産費説とは何か ……………………………………… 146
　第2節　要素賦存説とは何か ………………………………………… 152
　第3節　その他にどのような要因があるのか ……………………… 157

第5章　国際投資はどのようにして行われるか ……………………… 164
　第1節　開放経済において国際投資はどのようにして行われるか …… 164
　第2節　2産業モデルで国際投資の効果はどのように説明されるか … 167

参考文献 ………………………………………………………………… 170

第1部　国際協力と国際開発

第1章

国際協力論

第1節　政府開発援助（ODA）

1．ODAとは何か

　OECDのDAC（開発援助委員会）の経済協力の分類の1つ。① 政府開発援助（ODA），② その他の政府資金（OOF），③ 民間資金の3つに分類される。[1] 日本のODAは二国間援助と多国間援助（世界銀行等への出資・拠出）に大別され，前者は更に贈与と政府貸付等に分かれる。贈与の内訳は，① 無償資金協力，② 技術協力，③ NGOへの補助金等で国際協力事業団（JICA）が担当している。一方，政府貸付等は円貨で借款を供与することから「円借款」と称し，① プロジェクト借款，② 商品借款，③ 債務繰り延べと分類され国際協力銀行（JBIC）が担当している。援助政策の主務省庁は外務省となっている。日本の2000年のODAは135億ドルで二国間のODAが72％，多国間のODAが28％であった（なお，二国間ODAに占める円借款の割合は，約40％『ODA白書2000年』）。

　国際的にはODAのみが真の意味での援助とされ，次の3つの条件を満たす資金の流れを言う。① 政府もしくは政府の実施機関により供与されること，② 主たる目的が開発途上国「以下，途上国」の経済開発や福祉の向上に寄与すること，③ 資金協力についてはグラント・エレメント（G.E.贈与相当部分）が25％以上であること。[2]

2．ODAの目的と必要性について

　1．ODAの目的は，途上国の所得水準の向上と社会福祉の改善にあるが，その基本理念は1992年6月のODA大綱に盛り込まれ，① 人道的考慮，② 国際社会の相互依存関係の認識，③ 環境の保全，④ 自助努力の支援の4つからなる。

図1-1　日本の国際協力の分類

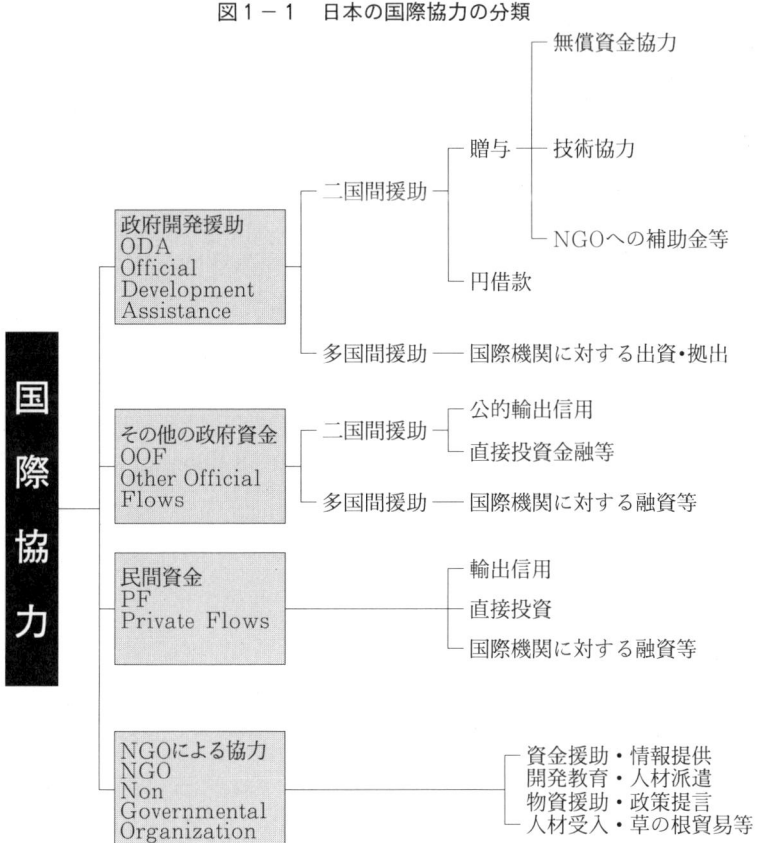

出所：国際協力銀行　広報資料

　同大綱によれば途上国の多数の人が飢餓と貧困に苦しみ国際社会は人道的見地からこれを看過できないこと。また，途上国の安定（民主主義の確保）と発展が世界全体の平和と繁栄にとって不可欠であること。更に，環境の保全は先進国と途上国が共同で取り組むべき課題である。一方，途上国は経済発展を自分の努力で実施すべきところその資金や人的能力には限界があり，我が国がこれを支援することにより途上国の資源配分の効率化，公正化さらに良い統治の確保をはかり健全な経済発展が実現できる。
(3)

表1-1 所得段階と国名例

所得段階	GNI (2000年)	国 名 例
LLDC		カンボジア，バングラデシュ，ネパール
貧困国	～$755	インドネシア，ヴィエトナム，モンゴル，インド，パキスタン，キルギス，アゼル，ウズベキ
低所得国	$755 ～$1,445	中国，フィリピン，カザフスタン，モロッコ，パプアニューギニア，スリランカ，スワジランド
中所得国	$1,446 ～$2,995	タイ，ペルー，チュニジア，イラン，グァテマラ，ルーマニア，ジョルダン
中進国	$2,996 ～$5,225	トルコ，ブラジル，メキシコ，モーリシャス，スロバキア，マレーシア，南ア

出所：国際協力銀行　広報資料　2002

2．ODAの必要性については資源エネルギーや食糧を海外に依存している日本にとって，国際社会の安定と持続的な発展が必要となり途上国が国際社会全体の安定と繁栄に大きな役割を果たしている（1979年のアジア通貨危機や，途上国の貧困問題に起因していると思われる地域紛争やテロは世界的な影響を与えた）。また，地域規模での環境問題が顕在化している。こうした貧困問題や環境問題を克服することが，国際社会の安定と持続的な発展には必要である。

　ODAは本当に開発目的に使われるのか，理論的に説明してみよう。
　X:開発支出（投資），Y:非開発支出（消費支出）とすると，現在の途上国の予算制約線はCDである。XとYの組み合わせを表し，社会効用曲線IはCD上での接点（パレート最適点）N点で決定される。援助により予算制約線CDがABにシフトすると援助がX使用に限定されないときは，XとYの組み合わせは社会効用曲線ⅢはAB上での接点（K点）によって決定される。K点は，N点に比べXはGH，YはEFだけ拡大する。援助によりYはEF増加するが，当初の貯蓄EDはFDだけ減少する。また，Xの開発支出（投資）は援助（LN）より少ないGHしか増加しない。すなわち，援助は非開発支出である消費増加の方に多

く働く（EF＞GH）。仮に，援助が投資に限定している場合Yの支出はDEで不変となり（社会的効用曲線がⅡの場合），交点LはK点と比べ消費は減少するが投資は増加する（CH）。しかし，この場合，社会的な効用水準はⅡ＜Ⅲと低く，Ⅲの方が優位である（K点が最適の組み合わせ）。但し，消費水準の低い途上国では消費の削減は望ましくなくYに医療や教育のBHNが含まれている場合には援助は投資の減少に向かうが，BHNのための消費水準の維持・確保が必要となろう（但し，援助後には総貯蓄は増加する）。

図1－2　援助と開発支出

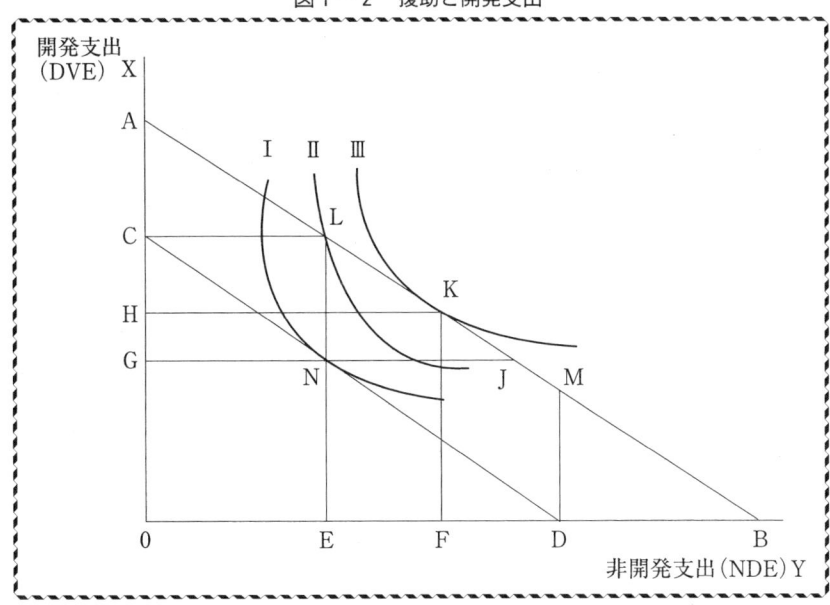

出所：青木隆『国際援助論』学文社，1998年

3．日本のODAの特徴について

ODA白書2000年によれば，日本のODAの特徴は以下のように要約できる。

1）日本のODAは二国間援助が中心で，円借款と技術協力がそれぞれ40％を占める。

2）2000年におけるODAの対GNI（国民総所得）比は0.28％で1999年の

0.34％より減少した（98年までは対GNP比を使用していた。なお，1970年の国連総会での国際目標は対GNP比0.7％)[4]。

3）二国間ODAの地域別配分は，アジアが55％を占めその大半は東南アジアである（中近東，アフリカ，中南米，東欧等は各10％程度）。一方，ODAの形態はODAの約40％が円借款で，その85％がアジアである（東南アジアは全体の約60％）。同様にODAの40％を占める技術協力は円借款と対照的にアジア向けが32％（東南アジアは全体の16％），中南米向けが8％と地域が多様化している。

4）二国間ODAは，アジア，特に東南アジアは円借款の比率が高いが，アフリカは無償資金協力，中南米は技術協力の比率が高い。

5）二国間ODAの3大供与国はインドネシア，ベトナム，中国の順である。ベトナムは過去3年間6位→4位→2位と躍進していること，インドネシアは全供与額に占めるシェアが10％であることに留意する必要がある。一方，受取国にとり日本が最大となっている国は45カ国である（1999）。特にシェアの高く受取額も大きい国（日本のプレゼンスが大きい国）はインド（シェア75％），インドネシア（74％），ベトナム（66％），タイ（88％），中国（67％），フィリピン（67％）であり，これらの国は2000年の日本の10大供与先に含まれ上位を占めている。

6）二国間ODAの分野別配分では，運輸等の経済インフラが多いが社会インフラでは環境案件の一つである上下水道がODA全体の13％を占める。この傾向は，円借款の場合でも同様で経済インフラと上下水道を合わせた金額は全体の53％に達する。

7）ODAの国際比較にも特徴がある。日本のODAは，DAC加盟22カ国中1位で全体の1／4を占める（2000年：135億ドル）。但し，他国と比べ政府等の貸付（円借款）の割合が大きい。この点でイタリアの多国間援助重視型，スウェーデンやオランダの無償資金供与重視型，ドイツ

やベルギーの技術協力重視型とは対照的である。

一方，ODAの対GNI比（2000年）はDAC加盟国中第12位で0.28％（国際目標は0.7％）であった。因みに，デンマークは1.06％であった。また，ODAの国民1人当りの負担額は7位（120.9ドル：約1万円）であるものの，1位のデンマーク（325.8ドル，人口は500万人）にはとても及ばない。

図1－3　DAC諸国におけるODA実績の国民1人当たりの負担額

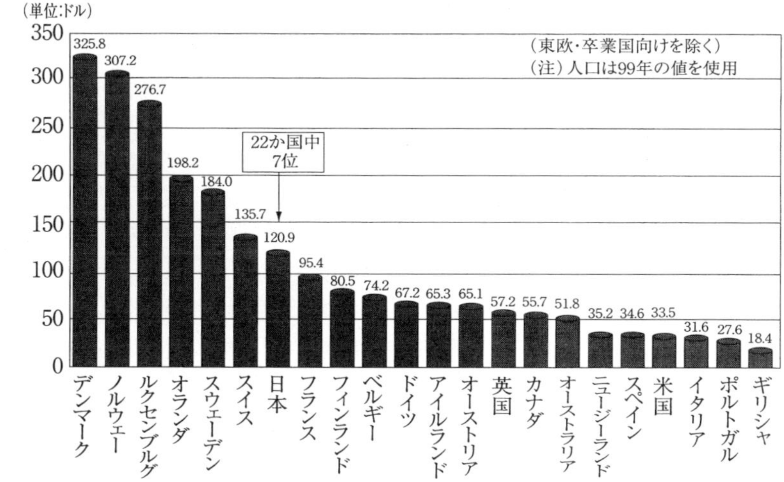

（単位：ドル）

（東欧・卒業国向けを除く）
（注）人口は99年の値を使用

デンマーク 325.8
ノルウェー 307.2
ルクセンブルグ 276.7
オランダ 198.2
スウェーデン 184.0
スイス 135.7
日本 120.9（22か国中7位）
フランス 95.4
フィンランド 80.5
ベルギー 74.2
ドイツ 67.2
アイルランド 65.3
オーストリア 65.1
英国 57.2
カナダ 55.7
オーストラリア 51.8
ニュージーランド 35.2
スペイン 34.6
米国 33.5
イタリア 31.6
ポルトガル 27.6
ギリシャ 18.4

注：ギリシャは99年12月にDAC加盟
出所：2000年DAC議長報告『ODA白書 2000』

4．グラント・エレメントとは何か

OECDのDACが途上国への資金協力の借款条件のConcessionalityの程度（援助条件の緩和度）を示す指標として用いた。Concessional Elementとも呼ばれ，資本を本来の商業条件で運用すれば得られるはずの期待利益と商業条件より緩やかな条件で途上国に資金供与することにより得られる利益の差を贈与と見なし，この贈与のグラント・エレメントは100％である。このエレメントは，資金の約束額の額面価値から必要な元本償還及び利子支払いの合計額の割引現在価値（割引率は通常10％）を差し引いて算出する。

例えば，円借款額をF，元本と金利の返済の現在価値をHとすると円借款のグラント・エレメント（G.E.）は，

$$G.E. = \frac{F-H(返済したい額)}{F(円借款額)}$$

H＝0のとき　G.E.＝100％

H＝Fのとき　G.E.＝0％

例えば，円借款額：30億円　償還期限：15年　据置期間：5年　金利：3％のとき

$$G.E. = \frac{30-17.011}{30} = 43.3\%（ODAの供与条件25％以上）$$

具体的な算出は，表1－2の通りである。

表1－2　円借款のグラント・エレメント算出例
（借款金額30億円，金利3％，期間15年，うち据置期間5年）

	1年目	2年目	3年目	4年目	5年目	6年目	7年目	8年目	9年目	10年目	11年目	12年目	13年目	14年目	15年目	計
① 元本支払	－	－	－	－	－	3.0	3.0	3.0	3.0	3.0	3.0	3.0	3.0	3.0	3.0	30.0
② 利子支払	0.9	0.9	0.9	0.9	0.9	0.9	0.81	0.72	0.63	0.54	0.45	0.36	0.27	0.18	0.09	9.45
③ ①+② 返済計	0.9	0.9	0.9	0.9	0.9	3.9	3.81	3.72	3.63	3.54	3.45	3.36	3.27	3.18	3.09	39.45
④ 円当たり割引率10％の場合の現在価値	$1\times\frac{1}{1.1}$	$1\times(\frac{1}{1.1})^2$	$1\times(\frac{1}{1.1})^3$	$1\times(\frac{1}{1.1})^4$	$1\times(\frac{1}{1.1})^5$	$1\times(\frac{1}{1.1})^6$	$1\times(\frac{1}{1.1})^7$	$1\times(\frac{1}{1.1})^8$	$1\times(\frac{1}{1.1})^9$	$1\times(\frac{1}{1.1})^{10}$	$1\times(\frac{1}{1.1})^{11}$	$1\times(\frac{1}{1.1})^{12}$	$1\times(\frac{1}{1.1})^{13}$	$1\times(\frac{1}{1.1})^{14}$	$1\times(\frac{1}{1.1})^{15}$	
⑤ ③×④ 割引返済額	0.818	0.744	0.676	0.615	0.559	2.201	1.955	1.735	1.539	1.365	1.209	1.071	0.947	0.837	0.740	17.011

- 額面価額－割引現在価値＝グラント・エレメント
  （30億円－17億円＝13億円）
- グラント・エレメント÷額面価額×100＝グラント・エレメント（パーセント表示）

第2節　開発援助の歴史

1．開発援助の歴史──世界

戦後の東西冷戦後，世界的に経済協力の体制が整ってきた。1944年7月のブレトン・ウッズ会議においては，ヨーロッパの復興が計画されマーシャルプラ

ンや世界銀行の設立（1945年）が実現した。同時にIMF（国際通貨基金）やGATT（貿易関税の一括協定）の貿易と為替の枠組みも固まってきた。1950年代になると植民地国が独立し東西両陣営の援助競争が活発化し，1961年にはOECDの中に「DAC」が設立され，同時期に日本ではOECF（JBICの前身）やOTCA（後にJICA）の援助機関が設立されている。その後，ベルリンやキューバを拠点とする東西の冷戦が活発化し南北問題がクローズアップされ深刻化してきたが，これを受け「国連開発の10年（1961）」や「国連貿易開発会議（UNCTAD）(1964)」が開催され，途上国の資金移転や先進国による貿易拡大の機運が出てきた。

1970年代の「第2次国連開発の10年」においては途上国の経済成長率を年6％，ODAを1970年代の半ばまでに対GNP比0.7％とするものであった。次の「第3次国連開発の10年」は1980年に採択されたが南北問題のテーマの1つが債務問題であったので主導権は国連からDACや世界銀行「世銀」にとって代わった。すなわち，1980年代の南北問題のテーマは世銀が中心的な役割を果した「構造調整」であった。又，1980年代には世界的に「環境問題と持続的な成長」「社会主義国家の移行経済問題」に注目が集まり，更にサハラ以南のアフリカ支援，累積債務問題と構造調整，人権とガバナンスが重視されてきた。なかでも債務問題は深刻で1990年のケルンサミットでは途上国の債務削減が提唱されている。その後，2002年には南アフリカで環境開発サミットが開催された。

2．開発援助の歴史——日本

日本の援助の源流は，コロンボ・プランである。日本は1954年に1950年に発足したコロンボ・プラン（南アジア，東南アジア諸国の経済・社会の発展を目的とした地域協力機構）に加盟し技術協力から出発した。しかし，当時の経済協力の中心は賠償や輸出信用絡みであり本来のODAとは言えないものであった。1958年にはインドに対し初めて円借款が供与され1969年には無償資金協力も開始された。「貿易黒字による資金還流」や「世界に貢献する日本」を背景として1978年，日本はODA3年倍増を公約（1980年同倍増を達成）し，1981

年にはODA 5年倍増計画を設定した。この結果，1989年には日本はODA実績が，DAC諸国中第1位となった。1990年に入ると環境と開発の問題に関心が高まり1992年には国連の「地球サミット」がブラジルのリオデジャネイロで開催されている。日本はこれを受け1997年6月「21世紀に向けた環境開発支援構想（ISD）」を打ち立て地球規模に拡がる環境問題に取り組んでいる（例：東アジア酸性雨モニタリング・ネットワーク）。また，同年12月には「気候変動枠組み条件第3回締結国会議（COP3）」が京都で開催された。日本は地球温暖化対策を発表した（京都イニシアティブ）(5)。一方，1990年代は貧困対象地域であるアフリカの開発にも関心が高まり1993年，1998年と2回アフリカ開発会議（TCAD）が開催されている。2002年8月には南アフリカ・ヨハネスブルグで「持続可能な開発に関する世界首脳会議（環境開発サミット）」が開催され環境対策や水，教育がテーマになった。

表1-3　環境開発サミットにおける日本政府のスピーチ
(骨子)

- 持続可能な開発のためのポイント＝人
  日本は人的資源を礎として発展。教育を最重視
  「持続可能な開発のための教育の10年」の提案
  5年間で2,500億円以上の教育援助を提供
- 教育とともに健康が不可欠
  野口英世の不屈の精神を日本の保健医療協力に活かす。

自立と連帯―開発
- オーナーシップを尊重し，対等なパートナーとして支援
  ＝日本の援助哲学
  ＝TICADの精神　NEPADに引継ぎ。
- 貿易：人材育成支援，後発開発途上国産品の無税無枠。
- 投資：WTOでの投資ルールづくり。国際投資センター支援。

- 拡大HIPCイニシアティブ：G8負担の¼の貢献
- アジアの経験をアフリカをはじめ世界へ。ネリカ米
- 南部アフリカに対する3,000万ドルの緊急食糧援助。

今日と明日―環境
- 京都議定書の発効。共通のルールの必要性。
- 公害の経験，友人として失敗を繰り返さない。
- 5年間で5,000人の環境分野における人材育成を支援。
- 第3回世界水フォーラム及び閣僚級会合の開催。
- 自然界との共生「愛知万博」
- WSSDの成功のため，すべての国，国際機関，NGO等の主体の協力を訴える。

出所：『世界経済評論』2002年11月　p.22

第3節 先進国の援助

1. アメリカのODA

1) 国際開発庁（USAID）が，援助政策から実施まで一元的に行っている。1961年「対外援助法」に基づき国務省内の総合的援助機関として設立。USAIDが直接に管理する援助と，国務省と共同管理する援助に大別される。前者の例として国際災害援助がある。

表1－4　アメリカの援助予算と支出

(単位：百万米ドル)

年度	2000 （歳出）	2001 （歳出）	2002 （歳出要求）
USAIDが直接管理する援助	2,792	3,178	3,175
開発援助	1,210	1,302	1,325
児童救済プログラム	724	961	1,011
国際災害援助	227	299	200
信用プログラム	8	7	8
USAID業務運営費	519	532	549
監査業務費	25	27	32
その他	0	50	50
経済支援基金，アイルランド国際基金	2,792	2,315	2,289
NIS諸国支援	836	808	808
東欧・バルト諸国支援	583	674	610
食糧援助（PL480）	800	835	835
TitleⅡ	800	835	835
TitleⅢ	0	0	0
合計	7,725	7,811	7,717

注）1）：金額はそれぞれ各会計年度の値
　　2）：歳出額は承認された政府歳出予算で，補正予算を含む
　　3）：食糧援助は予算上は農務省の所管
資料〕USAID, *Budget Justification 2002*＝インターネットホームページ
出所：国際協力銀行「国際協力便覧 2002」

2) アメリカのODAはDAC加盟国中2位（2000年）であるがODA対GNI比は最下位の22位。また，ODA国民1人当たりの負担額（1999年）は19位（33ドル）となっている。日本（45％）と違い贈与の比率が高い（99％）。3大援助供与先は（1999）エジプト，ボスニア・ヘルツェゴ

ビナ，インドネシアの順で，一方，中近東，中南米，欧州にとってはアメリカが最大の援助国になっている。

2．フランスのODA

1）外務省等が援助政策を行い，フランス開発庁（AFD）が援助の主要な実施機関となっている。フランスのODAは，DAC加盟国中5位であるがODAの対GNI比は8位（0.33%），ODA国民1人当たりの負担額（1999）は8位（95ドル）であった。

2）アメリカ同様に贈与の比率が高い（78%）。また，ODAの供与は旧仏領地域に多い。プロジェクトは農村開発や都市インフラが中心である。3大援助供与先は仏領ポリネシア，ニューカレドニア，エジプトであり，アフリカや大洋州にとっては，最大の援助国となっている。

3．ドイツのODA

1）実施機関は，日本と同様に資金協力（KFW:復興金融公庫）と技術協力（GTZ:ドイツ技術協力公社）に分かれる。KFWは開発援助の他に貿易・海外投資金融を実施している（援助政策は経済協力省が相当）。

2）ドイツのODAは，DAC加盟国中3位。対GNI比13位。ODA国民1人当たりの負担額は，日本の半分で11位（67ドル）である。贈与，特に技術協力の割合が高く，国際機関への拠出の割合も高い。3大援助供与先は中国，セルビア，モンテネグロであるが比較的供与先が分散されている。

4．イギリスのODA

国際開発局（DFID）がアメリカと同様，対外援助を一元的に実施している。イギリスのODAはDAC加盟国中4位。対GNI比は9位。ODA国民1人当たりの負担額は14位（57ドル）であった。贈与，特に，無償資金協力の割合が大きい。旧植民地への協力が多く，インドは過去5カ年間最大の供与先である。但し，アジア，アフリカでのプレゼンス（受入国にとってのイギリスのシェア）は大きくない。

5．北欧諸国のODA

スウェーデン国際開発協力庁（SIDA）のように他のデンマーク，ノルウェー，フィンランドを含めた4カ国とも援助窓口は一元化されている。また，北欧4カ国のODA規模は大きくなく（4カ国ODAの合計は日本の36%），環境や社会開発を重視している。スウェーデンの贈与比率は99%と高く，デンマークはODAの対GNI比及び1人当たり負担額の双方においてDAC加盟国中1位で3年間変動がない。

第4節　国際機関の援助

1．ODAには，二国間援助と多国間援助はあるが，多国間援助の利点は以下の通りである。

> 1) 豊富な専門的技術能力や情報網を活用して効率的な援助を行える。
> 2) 客観的な立場から二国間援助では困難な政策対話を行える。
> 3) 協調融資や保証を通じた触媒機能の発揮により途上国への民間資金の流れを促進できる。
> 4) 地域的に広がりがある援助が容易である。

しかしながら，多国間援助は各国の資金が同じバスケットに入ってしまい，援助実績として二国間援助のように「顔の見える援助」が期待できない。

2．多国間援助は，金融機関とその他の機関に大別される。世界銀行（世銀）が前者，国連開発計画（UNDP）が後者の代表的な例である。世銀は資金協力，UNDPは技術協力という役割分担があり両者は効率的な運営上補完関係にある（JICAとJBICの関係と類似している）。又，世銀は世界各国を融資対象とするグローバルな金融機関であるが，アジア開発銀行のように地域に特化した開発金融機関もある。同様に，UNDPは世界各国のすべてのセクターを援助対象としているが，特定のセクターに特化した機関もあり，工業はUNIDO，労働はILO，食糧はFAO，保健はWHO，環境はUNEPが代表例である。更に，世銀が長・中期の資金協力による経済・社

会開発支援を行うのに対し，IMFは短期の資金による国際収支支援を行っている。
3. 先進国と途上国，途上国内部での所得格差の拡大や地球環境の問題から開発の課題が複雑かつ多様化している今日，国際機関が二国間の援助とますます連携する傾向が見られ（国際協調），日本は円借款や技術協力を通じて世界銀行等の国際機関とのパートナーシップを高めている。

第5節　ODAの質

1．日本のODAの量と質

ODAの「量」の主な物差しは，①ODA実績（支出純額ベース），②ODA実績の対GNI比，③ODA国民1人当たり負担額，である。具体的な数字は前述している。

一方，ODAの「質」とは国際援助社会のDACで使用されているのは，以下の通りである。

(1) 贈与比率（返済のない援助である贈与がODA全体に占める割合）

(2) グラント・エレメント（G.E.）

(3) アンタイド比率（ODAのひも付きでない「途上国が財，サービスを原則としてどこの国からでも調達できる」割合。例えば，トラクターの調達をこれまでの日本と借款受入国に限定＜タイド＞するのではなく世界中から国際競争入札により適正な価格で調達するものである。その調達金額が借款総額に占める割合を言う。）

日本はアンタイド比率が高い（96％）が，贈与比率やグラント・エレメントはDAC加盟国中最下位である。

表1-5　日本のODAの質に関する現状

	(1) 贈与比率	(2) G.E.	(3) アンタイド比率
日本	45.4%	83.6%(69.7%)	96.4%
DAC平均22カ国	80.65	94.2%(68.1%)	83.8%

注：1998／1999（アンタイド比率：1999）平均／G.E.は除く債務救済，（　）内は借款のG.E.／アンタイド比率は部分アンタイドは含まない。
出所：図1-3に同じ

2．日本の他のODA供与国との質に関する比較と特徴について

　日本は，他国に比べ贈与比率が極めて低く，相対的に低いドイツの半分以下である。これは，日本が経済インフラ支援の借款が多いODAの形態によるものである。オーストラリアやアメリカは，それぞれ返済義務のない無償資金協力と技術援助に重点がおかれ，次のグラント・エレメント（G.E.）に反映されている（その他に日本はODAの原資が貴重な税金であり返済を当然視する傾向があることやODA大綱に明記されている自助努力が考え方が基礎にあると思われる）。なお，日本，ドイツ，オーストラリア，アメリカの4カ国のODAに占める経済インフラの割合（1999）はそれぞれ31.5％，25.8％，2.3％，12.9％である。

　一方，社会インフラの割合（1999）はそれぞれ18.5％，34.7％，52.5％，31.3％であり，ドイツが比較的両者のバランスを保っているもののオーストラリアは社会開発重視型でこの傾向はスウェーデンやフランスでも見られる（フランスは最大の供与先が仏領ポリネシア）。3つめの調達条件については，日本は他の国と比べアンタイド比率が高い。一方，アメリカやカナダは経済政策から自国のODAを貿易促進と結びつけ比率は相対的に極めて低いのが特徴である。日本も過去において輸出促進や中小企業支援の観点からタイド比率が高くOECDや国際社会から批判を浴びたことがある。

表1-6　OECD主要国と日本のODAの質に関する国際比較　　（単位：%）

	オーストラリア	ドイツ	日本	アメリカ	カナダ	イギリス	（年次）
贈与比率	100	86.3	45.4	98.5	99.9	95.1	98/99 平均
G.E.	100	96.0	83.6	99.4	100	100	1999
アンタイド比率	86.7	84.7	96.4	28.4	29.6	91.8	1999

出所：図1-3に同じ

3．アンタイド化の方がタイド化より好ましい理論的根拠

供与国からの輸入（M_1）-タイド，その他の国からの輸入（M_2）-アンタイド，CD:途上国の輸入外貨制約線とすると，$CD = M_1 + M_2$，M_1とM_2の最適組み合わせは社会的効用曲線IとCDとの接点M点（パレート最適点）で決定される。OBに等しい援助が供与されるとCDはABへシフトする（図1-4）。

(1) ケース1．アンタイド

P点が組み合わせの最適点となりM_1の増加はEFでDB＝MNより少なく，この減少分はM_2の増加となる。タイドではP点は受け入れられなくアンタイドの方が良い。

(2) ケース2．タイド

N点が組み合わせの最適点であり，援助分がすべてM_1となる。しかし，N点を通る曲線ⅡはP点を通る曲線Ⅲよりも低く社会的効用水準も低い（タイド条件は好ましくない）。

ケース1とケース2より理論的にはアンタイドの正当性が説明できる。又，M_1の価格が通常より割高となるとN点を通る輸入外貨制約線は傾きが大きくなり（アンタイド有利），曲線Nとの接点Qにより曲線Ⅱより高い効用が得られる（アンタイドの方が好ましい）。（青木隆『開発援助論』を参照）

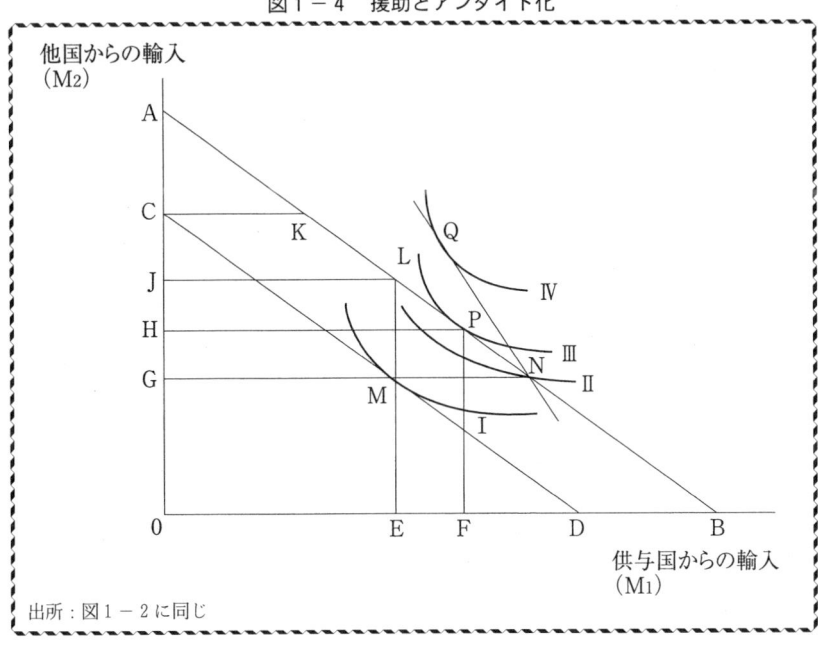

図1-4 援助とアンタイド化
出所：図1-2に同じ

第6節 プロジェクトサイクル論とPCM

1. プロジェクトサイクル論は，世銀のBaum博士が提唱した。プロジェクトの流れを時計の針のように動かし，「発掘」→「要請」→「審査」→「調達」→「完成／事後評価」→「発掘」と繰り返す事を言う。

　1)「発掘」途上国の経済状況，主な開発分野（運輸や通信），開発計画から開発プロジェクトを見つける。

　2)「準備」発掘したプロジェクトの内容を固める。F／S（企業化調査）やEIA（環境影響評価）を実施する。

　3)「要請」日本は途上国の自助努力を尊重し，途上国から日本への「要請主義」を採用している。

　4)「審査」日本政府とJBICが机上でプロジェクトの要請内容を経済的・

図1-5 プロジェクトサイクル

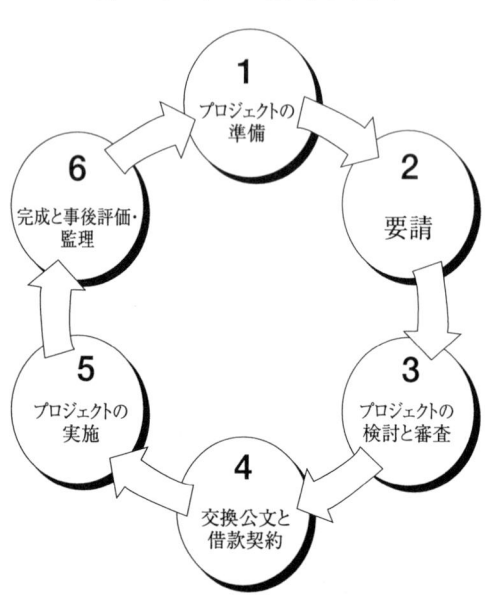

出所:OECF(現 JBIC)「円借款って何ですか?」

技術的な面から検討した後,JBICは現地調査を行う(要請プロジェクトの開発計画における優先度やプロジェクトのF／Sの確認)。

5)「交換公文と借款契約」審査の結果,プロジェクトが日本として採択されれば日本政府と受入国政府との間で「交換公文」(国際条約の一種)が締結され,その後,JBICと借入人(通常はタイ大蔵省などの省庁)との間で「借款契約」が締結される。

6)「プロジェクトの実施(調達・貸付)」「借款契約」が締結されるとプロジェクトに必要な資機材やサービスを国際競争入札により調達する。調達は,プロジェクトの計画に沿って行われ同時に貸付も実行される。プロジェクト実施中は,中間段階で監理が行われ,調達と貸付の円滑化を図る。

7)「完成・事後評価・事後監理」プロジェクト完成後,どのような効果

を挙げたか当初計画と対比しながら確認する。事後評価から得られる教訓は「発掘」に生かされるとともに運営・管理の段階においても活用される。

2．PCMは，Project Cycle Managementの略でドイツのGTZが開発した手法である。

JICAが，主にプロジェクトの上流である案件発掘や案件形成の段階，更に，評価（中間時点，完成時点）に使用している。前者は参加型計画手法で「プロジェクト・デザイン・マトリックス（PDM）」と呼ばれるプロジェクト概要表を用いて運営管理する手法。（概要表作成の手順は，①関係者分析，②問題分析，③目的分析，④プロジェクトの選択である）PDMにはプロジェクト計画を構成する「目標」「活動」「投入」等が含まれる。後者は「モニタリング」と「評価」の手法で「モニタリング」はプロジェクトの活動，成果，プロジェクトの目標を中心に達成度をしらべる。「評価」は，①効率性，②目標の達成度，③インパクト，④妥当性，⑤自立発展性，の５つの観点から調査し評価デザインマトリックスを作成し提言や教訓を引き出す（後出22ページ参照）。

第７節　ODAの評価とは何か

ODAのプロジェクトサイクルで「評価」が近年，重視されてきた。「ODA評価体制の改善に関する報告書」（2000年3月）においては，ODAの評価を「政策レベル評価」（外務省が策定する国別援助計画等），「プログラム・レベル評価」，「プロジェクト・レベル評価」の３つに分類している。実施機関であるJBICやJICAは，後者の２つを実施している。これらの援助評価の主要なポイントは，以下の通りである。

(1) 当初計画の達成度，効果の持続性
(2) 経済的効果―経済収益率，財務収益率
(3) 社会的効果―女性の役割

図1－6　事後評価・事後監理フロー

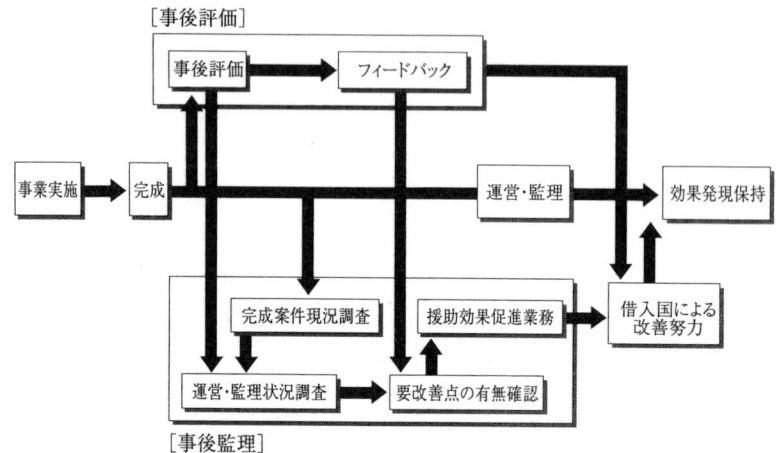

出所：国際協力銀行　広報資料

(4) 環境の影響
(5) 技術移転効果等

1．JBICによる円借款の評価

通常，円借款案件の事後評価を言う。

(1) 目的と特徴

完成した円借款対象事業の成功要因，問題点を把握し，そこから得られた「教訓」を新規事業の形成，審査，実施，事後監理などに「フィードバック」することにより援助の効果と効率を高め，(図1－6　フィードバック）納税者へのアカウンタビリティ（説明責任）を行う。

(2) 種類

① テーマ別評価（地域，環境，社会開発）
② プロジェクト評価（当初計画との対比における進捗状況，収益性，問題点）
③ 評価の実施主体（JBIC，外部専門家≡第三者評価）
④ 対象事業の選定規準

ⅰ）今後の円借款の実施において有益な示唆・教訓を得る可能性があること。

　　ⅱ）セクターあるいは地域へのインパクトが大きく測定が可能であること。

　　ⅲ）特定の研究テーマとなること。

　　ⅳ）環境・社会開発に関わること。

(3) 事後評価の時期と項目

　実施時期は完成後2年目前後（運営状況が安定），但し，効果測定は効果発現を知るため7年目となる。

　原則として現場での実査を行う。

　項目は，DAC規準の以下の5項目（①達成度，②効率性，③持続性，④効果，⑤妥当性）（具体例：灌漑プロジェクト）

　　ⅰ）計画の妥当性

　　ⅱ）実施の効率性（①工期，②費用）

　　ⅲ）効果（目的達成度＜①灌漑面積の拡大，②農業生産の増加＞）

　　ⅳ）インパクト（①受益者の範囲，②農家収入の増加，③経済的内部収益率＜EIRR＞）

　　ⅴ）持続性・自立発展性（①運営・維持管理体制，②運営・維持管理予算）

　　ⅵ）教訓（①組織体制，②技術の適用，③援助の対象・方法）

2．JICAによる無償資金協力や技術協力の事後評価

(1) 評価の種類

　①　プログラム・レベル評価（複数のプログラムを対象とした評価）

　②プロジェクト・レベル評価

(2) 調査実施時期による評価の種類

　①　事前評価（案件審査）

　②中間評価（評価5項目のうち効率性と妥当性が中心）

表1－7　評価5項目とPDMの関連性

	効率性	目標達成度	効果	妥当性	自立発展性
上位目標			プロジェクトを実施した結果どのような正負の影響が直接的、間接的に現れたか。	「成果」「プロジェクト目標」「上位目標」は被援助国側のニーズに合致しているか。	協力終了後もプロジェクト実施による便益が持続されるかどうか。プロジェクトはどの程度自立しているか。
プロジェクト目標		「成果」の達成により「プロジェクト目標」がどれだけ達成されたか。			
成果	「投入」がどれだけ効果的に「成果」に転換されたか。				
投入					

出所：JICA「事業評価報告書2000」p.7

　　③　終了時評価

　　④　事後評価

　(3)　事後評価の評価対象による区分

　　　（国別，特定テーマ別）

　(4)　評価の手法

　　　プロジェクト・デザイン・マトリックス（PDM）に基づき，DACの「評価5項目」により評価・モニタリングを行っている（プロジェクト・レベルの評価に採用）（表1－7）。

第8節　ODAと貿易

　1964年の第1回国連貿易開発会議（UNCTAD）に提出された「プレビッシュ報告」は，援助より貿易を主張している。具体的な内容は途上国の一次産品価格安定のための国際商品協定の締結や一般特恵制度の導入，交易条件の悪化による補償融資制度であった。その後，これらは実現されている。1980年代には「国際すず協定緩衝在庫」及び「国際天然ゴム協定緩衝在庫」への拠出が行わ

れている。貿易を促進するODAは，途上国の国際収支改善効果があり国内の地域開発と同様に重要な柱である。輸出加工区建設や輸出農産物への国際協力は，途上国の輸出の促進を通じて外貨獲得をもたらすからで，韓国，タイ，フィリピン，ジャマイカに事例がある。

> ＜事例＞円借款により輸出に貢献したプロジェクト
> 1) フィリピン：バターン輸出加工区建設事業
>   バターン輸出加工区の上下水道などのインフラ整備により外国企業を誘致する。直接投資の増加，雇用機会の増大，輸出増加による外貨獲得効果があった。
> 2) ジャマイカ：ブルーマウンテンコーヒー開発事業
>   ブルーマウンテン地区で栽培，収穫されたブルーマウンテンコーヒー（主に日本向け）を輸出することにより農産物輸出が増加し外貨獲得効果が得られた。

第9節　ODAとNGO

近年，途上国の末端の住民にODAの資金が届き，効果的なODAが行われるよう求められている中で，NGO（非政府組織）の役割は大きい。日本のNGOの活動が，コソボ難民やトルコ地震被災者支援活動にみられた。その主体は，(財)オイスカ等の100以上のNGO団体や自治体，青年のボランティアからなるNGOである。その活動内容は，以下の通りである。

① 開発途上国の住民の自立促進，草の根レベルでの開発事業の実施
② 災害や食糧危機などに対する柔軟かつ迅速な対応
③ 小規模ながら人道的な必要性の高い事業への対応
④ 新しい開発アプローチへの参加

NGOには，日本のNGOのほか，他の先進国ドナー国，途上国側のNGOが存在するが，きめ細かな援助（Trickle Down）をするためには，日本はこれらのNGOと協力しつつ事業を進めていく必要がある。事業として主なものは以下の通りである。

① 農業農村開発事業, ② 人材育成事業, ③ 女性自立支援事業, ④ 保健衛生事業, ⑤ 医療事業, ⑥ 地域産業向上事業, ⑦ 生活環境事業, ⑧ 環境保全事業, ⑨ 民間援助物資輸送事業, ⑩ 地域総合振興事業

　1989年度に「NGO事業補助金制度」が設立され111団体, 185事業に対し約8億円が交付されている。さらに,「草の根無償資金協力」も同年に実施されている。日本のNGOの活動は順調に推移しているものの欧米と比べ歴史が浅く財政基盤が弱い点が指摘されている。従って, 日本はNGOに対し事業自身の支援の他にNGO組織の強化支援を検討している。多様化する開発協力事業のニーズにきめ細かく対応できる組織作りを期待しているからである。

表1-8　最近の円借款承諾案件におけるNGOとの連携案件の事例

中国	黄土高原植林事業（山西省ほか）
ベトナム	ファンリー・フォンティエット灌漑事業（E/S）
ベトナム	ホーチミン市水環境改善事業（I）
バングラデシュ	大ファリドプール農村インフラ整備事業
バングラデシュ	ルプシャ橋建設事業

第10節　民間企業の国際協力

1. 海外投融資は雇用の創出, 外貨の獲得, 経営ノウハウ, 技術移転等により開発途上国の国造りや人造りに寄与している。国際協力と民間企業との関係は事業リスクや収益の観点から民間企業が政府の公的資金を活用し（OOF:その他政府資金）, 途上国に対し農業, 植林, 電力, 上水道, 環境改善, 中小企業育成の分野などに投融資している。但し, 市中銀行よりも有利な条件での借り入れが可能であるので, 以下の主な条件が必要となる。

    (1) 開発途上国で実施される開発事業で日本の公的資金を導入するにふさわしい経済協力性（雇用促進, 外貨獲得効果等）があること
    (2) 低収益性や事業実施に関わる各種リスクから民間資金だけでは事業実

施が困難であること
2. 海外投融資出資案件の事例は，以下の通りである。
   (1) 出資案件

国名	案件名	分野
ブラジル	ミナスジュライス製鉄合弁事業	製鉄
ブラジル	アマゾンアルミナ・アルミニュウム製造合弁事業	アルミ
インドネシア	アサハン水力発電，アルミニュウム精錬合弁事業	アルミ
サウジアラビア	サウジアラビア石油化学製品製造合弁事業	石油化学
中国	上海金融センタービル建設・運営事業	商業

   (2) 融資案件

国名	案件名	分野
ブラジル	農業開発事業（セラード）	農業
メキシコ	ホテル建設事業	観光
インド	エビ養殖事業	食品

出所：国際協力銀行（JBIC）年次報告2002他

3. 途上国では電力等の国営企業が民営化されている。民営化とは，インフラ事業を行う既存の国営企業を民間投資家の手に委ねる方式で東欧やラテンアメリカに多い。類似の民活とは，民間の投資家が新たにインフラ事業を行うBOT方式（Built Operation Transfer 建設と一定期間の運営は企業がみるが，その後の運営・管理は途上国側の責任で行うもの）による民間ベースによる国際協力でアジアに多い。民営化の例として旅客輸送と貨物輸送の分割民営化（アルゼンチン），民活の例として発電事業（フィリピン）が挙げられる。

第11節　援助の経済評価

ODA，特に円借款を供与する際には，そのプロジェクトがFeasible（採算が合い企業化が可能）であるか評価する必要がある。

経済評価（審査）の方法となるIRR（内部収益率）は2つありミクロの財務の視点で見るFIRR（財務付内部収益率）とマクロの経済の視点で見るEIRR（経済的内部収益率）である。通常，IRRをFIRRとして使用している。財務内容を見てその採算性（コスト，ベネフィット）を見る事業としては通信や水道の公共事業，経済インパクトを見る事業としてダムや道路がある。IRRは投下資本と便益（収益）を現在価値に直し（通常，割引率は10％），収入と費用の分岐点（採算性を確保する収益率）を算出する。通常，経験値より15％程度であればFeasibleとされるが，農業案件のように低収益でもFeasibleとなる場合がある。ERRは為替相場に歪みがあり，国際的にみると適切な価格となっていない場合や，失業率が高く他の職を得る可能性も低い場合に「市場価格」ではなく，相対的価値を反映した「シャドウ・プライス」で調整し費用・便益を算出する。調整が必要ない場合の例として，代替案件の機会費用を便益ととる方法や便益に節約便益を算入する方法等がある。例えば，ダムの建設は仮に火力発電を代替プロジェクトとして想定しそれに要する費用を便益にとり（機会費用），IRRと同様に現在価値に直し算出して火力は水力を決定する。節約便益を使用した事例は，道路建設案件の評価に適用されている。道路の完成後は，完成前と比べ走行便益（ガソリンの節約，時間節約による商業取引の拡大）が得られる。

表1-9はインドの道路プロジェクトの事例である。12％の純現在便益は，17.5-15.3＝2.2，14％の純現在便益は14.3-14.9＝-0.6となる。従って，純現在便益がゼロになる（費用と便益の現在価値の合計が同一）割引率（経済内部収益率）は，EIRR＝12％＋［(2.2／2.2＋0.6) x (14-12)］＝13.57％，となる。[6]

表 1 – 9 砂利道の舗装

(単位:100万ルピー)

年	費用			便益			現在価値			
	資本費用 (1)	維持費 (2)	合計 (3)	走行費節約 (4)	維持費節約 (5)	合計 (6)	費用(割引率12%) (7)	便益(割引率12%) (8)	費用(割引率14%) (9)	便益(割引率14%) (10)
1968	14.0	—	14.0	—	—	—	14.0	—	14.0	—
1969	—	0.1	0.1	0.76	0.07	0.8	0.1	0.7	0.1	0.7
1970	—	0.1	0.1	0.87	0.08	0.9	0.1	0.7	0.1	0.7
1971	—	0.1	0.1	0.99	0.09	1.1	*	0.8		0.7
1972	—	0.1	0.1	1.11	0.10	1.2	0.1	0.8		0.7
1973	—	0.5	0.5	1.25	0.11	1.4	0.3	0.8		0.7
1974	—	0.1	0.1	1.38	0.12	1.5	*	0.8		0.7
1975	—	0.1	0.1	1.96	0.12	2.1	0.1	0.9	0.4	0.8
1976	—	0.1	0.1	2.16	0.13	2.3	*	0.9		0.8
1977	—	0.1	0.1	2.38	0.13	2.5	0.1	0.9		0.8
1978	—	0.5	0.5	2.62	0.14	2.8	0.2	0.9		0.8
1979	—	0.1	0.1	2.89	0.14	3.0	0.1	0.9		0.7
1980	—	0.1	0.1	4.04	0.14	4.2	*	1.1		0.8
1981	—	0.1	0.1	4.37	0.14	4.5	*	1.0		0.8
1982	—	0.1	0.1	4.72	0.15	4.9	*	1.0		0.8
1983	—	0.5	0.5	5.10	0.15	5.2	0.1	1.0		0.7
1984	—	0.1	0.1	5.51	0.15	5.7	*	0.9	0.3	0.7
1985	—	0.1	0.1	5.95	0.15	6.1	*	0.9		0.6
1986	—	0.1	0.1	6.43	0.16	6.6	0.1	0.9		0.6
1987	—	0.1	0.1	6.95	0.16	7.1	*	0.8		0.6
1988	—	0.1	0.1	7.51	0.16	7.7	*	0.8		0.6
							15.3	17.5	14.9	14.3

純現在便益=2.2(12%), −0.6%(14%)

注:*で示した年は割引費用が0.1を大幅に下回るので,数年合わせて0.1の数字を使用した。
出所:島山正光『交通プロジェクトの経済評価』東洋経済新報社,1973年

第12節 援助の効果測定

　国際協力銀行が,円借款案件事後評価報告書(公表出版)の中で同行が中国に円借款を供与し,1995−97年に完成した「長江4架橋建設事業」について波及効果の調査を実施している。同報告書では,交通インフラの波及効果は民間施設整備の増加や物資貨物量の増加として現れ地域の生産活動の活発化へと波及していく。波及効果として,① 周辺地域の交通状況に与えた影響,② 地域開発効果について,以下の通り纏められた。

		合肥・銅陵公路大橋	黄石長江大橋	武漢長江第二大橋	重慶長江第二大橋
周辺交通への影響	市内交通渋滞の緩和	特段の変化なし	フェリー待ち車両がなくなり渋滞解消	2橋に分散され市内交通が円滑化	交通の伸びが激しく渋滞
	地域間交通の影響	円滑化に貢献	交通の円滑化	所要時間が短縮	重慶市中心を通過せず所要時間が短縮
地域開発効果	産業立地または経済規模の拡大	プラスティック工場等の立地	セメント工場が経営規模を拡大	青果物卸売市場が設置	オートバイ工場，セメント工場立地
	経済開発区の設置	8つの経済開発区	経済開発区の新設	———	経済技術開発区の新設
	住宅建設	小規模な住宅建設	通勤者用の住宅建設中	大橋両岸に住宅団地建設	大橋南岸に住宅用地建設
	地場経済への影響	道路沿いに地域を開発中	黄石市の経済発展に寄与	第二大橋の開発が進行中	第二大橋南岸の開発に貢献

注

(1) この他に民間非営利団体（NGO）による贈与が加わる。
(2) グラント・エレメントの定義と内容については，7ページを参照。また国際収支との関係については第2部第1章を参照。
(3) 資源配分の効率については，寺崎（1994），pp.186-241を参照。
(4) GNPについては，寺崎（1995），pp.14-15を参照。
(5) 議案書の内容は「先進各国が温暖化ガス排出量を2008年から2012年までの間に，平均1990年比5％削減する（日本は同6％削減）」であり，アメリカは脱退したが，日本は批准し，2003年夏に発効する予定である。欧米の排出量取引や途上国に対する環境支援が注目される。
(6) 援助と国際公共財としてとらえた分析については，寺崎（1998），pp.168-188を参照。

第2章

国際開発論

第1節　開発経済学の変遷について

　開発経済学とは途上国が直面する経済問題の原因を究明し，その処方箋を提出することで途上国が抱える「貧困」を原因とする飢餓や伝染病等から人生設計に至る諸問題の改善・解消を目指すことが主要目的である。従って，開発経済学は優れた実践的・実証的な学問分野である（高木保興『開発経済学の新展開』）。

　また，開発経済学は貧困撲滅による住民の所得向上や社会的厚生を高める学問で歴史的に見ると大きく分けて3つのアプローチ「構造主義」「新古典派」「改良主義」が存在する。

　1．構造主義（1940-1960）

　途上国では経済成長と所得分配は市場メカニズムでは達成が不可能である。そこで政府の役割は大きく自由貿易体制の改善や「内向きの開発戦略」（輸入代替工業化が必要）が重視され開発援助は工業化，輸入代替，インフラ整備から投資・貯蓄ギャップ，国際収支ギャップの補填に至るまで必要とされた。市場の失敗から計画経済への移行が見られたのである。代表的な学説は，以下の通りである。

　　1）ヌルクセ　『貧困の悪循環論』(1953)

　　　途上国は投資が行われていないために生産性が低く所得も低い。所得が低いので貯蓄が不足し投資が行われない。そこで，大型公共投資（Big Push）が必要。

　　2）ハーシュマン　『不均衡成長戦略』(1958)

　　　産業連関効果の大きい産業部門に投資を集中させ意図的に不均衡を作

り経済発展を行う。「前方連関効果」と「後方連関効果」がある。

3）ルイス　『労働力無限供給下の経済発展』(1954)

投資は労働集約的でなければならず労働供給が超過している限り低賃金で無限の労働（投資）を供給できる。余剰労働を工業部門に誘導し，農業と工業の双方の発展を図る。

4）ロストウ　『経済発展論』(1960)

経済発展段階を6つに区分した[1]。経済発展の条件は主要産業を離陸させることであり，その波及効果を目指す。そこには技術進歩（ハロッド＝ドーマー・モデル）を組み入れる。

5）シンガー＝プレビッシュ　『開発のための新しい貿易政策を求めて（プレビッシュ報告）』(1964)

途上国の交易条件悪化の改善には，一次産品価格安定のための国際商品協定や特恵関税が必要である。1964年の第1回国連貿易開発会議（UNCTAD）では「援助よりも貿易を」を提唱した。1967年の第2回UNCTADでは「新しい開発戦略を求めて」が発表された。

2．新古典派（1960－）

構造主義の「市場の失敗」「政府の市場介入」とは対照的に途上国でも市場は機能するという考え方である。投資の生産効率を改善させ「内向き」から「外向き」（輸出促進）の貿易戦略を行う（輸出志向型）。そのためにはまず，人的資本の投資の促進が必要とされる。

代表的な学説は以下の通り。

1）シュルツ（1961）

人的資本の投資は，人々の知識の向上と経済成長に貢献する。

2）バラッサ（1978）

「輸出ペシミズム論（悲観論）」への反論

3．改良主義（1960－）

成長最優先に批判した。トリクル・ダウン（経済成長の果実は貧しい人々に

分け与えられる）が実現せず経済格差は広がるばかりである。これを改善するためには政府の介入を認めなければならない。その基本的な考え方は以下の通り。

 1）雇用機会を増大させること。
 2）BHN（人間の基本的な欲求）を充足させること。

> （参考）構造主義→マクロの貧困問題（社会全体の厚生）
>   改良主義→ミクロの貧困問題（個人の所得の向上）
>   （絵所秀紀『開発経済と貧困問題』）

 4．新古典派復活（1970年代）
アジアNIES（新興工業国）の台頭（工業化や輸出戦略の成功）に見られる。
 5．改良主義の復活（1980－）
ラテンアメリカの累積債務問題，地球公共財，社会的セーフティネット（社会的安全網），開発と環境の問題等が山積し，この解決には以下の新しいアプローチが必要となった。

 1）政府の積極的役割が認識されるようになった。
 2）取引費用や情報の不完全・非対称性を途上国の問題とする新制度派のアプローチが出てきた。

   ダグラス・C・ノースは経済活動における制度の役割を経済史の観点から分析した。人間と制度の相互作用をゲームの理論で説明し，個人の富の最大化を実現するのには他のプレーヤーとの協力が困難な場合（情報不足）は人間の協力が必要である。人間の協力の問題は制度と関係が深い。また，企業にとって取引は重要であり取引コストが経済活動の主要な決定要因であるが制度は取引コストの上昇といった組織の問題を解決してくれる。

   ＊ 制度（Y）＝f（取引コスト（x），生産コスト（x′））
    x＋x′＝総費用 x＝情報コスト，財・サービスの属性の測定費用

 3）BHN（人間の基本的ニーズ）アプローチ

① UNDP(国連開発計画)の「人間開発」

アマルティアセン(ノーベル経済学者)によれば,「人間開発」とは人々の選択の拡大過程である。UNDPは,人間開発指標を作成し国別に順位を付け社会的発展度を示した「人間開発報告書」を発行した。世界銀行の所得別(1人当たりGNP)の経済指標と対比される。使用された数値は,①出生時平均余命,②成人識字率,③購買力平価による1人当たり実質GDP,である。

6．構造調整アプローチ (1980-)

国際収支の不均衡と債務危機は政府の失敗による構造的なものとする考え方である。その要因は非効率な公共部門や財政赤字にあり構造主義的な政府主導の開発戦略には否定的である(ワシントンコンセンサス)。IMFは1986年に構造調整のファシリティ(融資機能・制度)を設置し,世銀も構造調整支援を始めている(後述の第6節を参照)。

7．市場に友好なアプローチ (1990年代)

市場に一定の政府介入を認め,市場(生産),政府(インフラ)の役割分担を提唱した世銀の開発戦略である。「東アジアの奇跡」を成功例とする。

8．新しい開発モデル (1990年代)

スティグリツ:以下のモデルを取り上げている。

ⅰ)主要媒体制度と失われた市場として収穫分配モデルと農業制度について

ⅱ)能率賃金論として富の分配によるパレート効率

ⅲ)国際金融取引での債務不履行問題(信用市場の不完全性)

第2節　ギャップの理論

ギャップの理論は,援助の経済効果や対外債務の返済能力を見るマクロ分析の理論で,援助は国内の貯蓄不足と外貨不足の2つのギャップを埋めるものである。

　　　　　Y:国民総生産　C:消費　I:投資　X:輸出　M:輸入　とすると,

$Y=C+I+(X-M)$ ①　　$Y+M$（総供給）$=C+I+X$（総需要）

S：貯蓄とすると，

$Y=C+S$ ②　これを①に代入する。　　∴ $I-S=M-X$

（左辺）$I-S$：投資・貯蓄ギャップ

（右辺）$M-X$：国際収支ギャップ（外貨ギャップ）と称する。

　輸入資材購入の外貨がない，又，国内資材購入の資金がないため援助により資金が導入され，2つのギャップが埋まると，

$I-S\equiv M-X\equiv$ 援助（②）が成立する。　　∴ $I-Y+C\equiv M-X$（①よりS＝Y－Cを代入）

従って，$Y+M\equiv C+I+X$ となり，総供給と総需要は援助により事後的に成立する（但し，投資・貯蓄ギャップと国際収支ギャップの制約のうちどちらが先かは途上国の経済状況による。輸入を優先して国内投資や消費を高めるか（右辺），それとも国内投資を優先して輸出拡大戦略をとるか（左辺）の選択である）。経済開発には，②式より $\Delta X>\Delta M$，$\Delta S>\Delta I$ が必要となる。[3]

1．ギャップ理論によるA国の成長に対する援助量について

　投資・貯蓄ギャップと国際収支ギャップのうち，どちらが先に経済成長にとって制約となるかは，一概に言えない。

図2－1　2つのギャップ理論

出所：高木保興『開発経済学』有斐閣，1992年 p.173

かりに，途上国が貯蓄に比べ輸出能力の方が大きく劣る（外貨を自分で十分に稼げない）と仮定し，ギャップの理論を説明する（図2－1）。外貨不足制約と貯蓄不足制約の2つの

制約がある。この2つの制約の下の部分（斜線）が成長率の領域である。（上の部分は外貨・貯蓄不足）現在のA国の成長率：G_0 とする。

＜ケース1＞A国の目標成長率：G_1 とすると貯蓄不足の制約はクリアするが外貨不足の制約が生じる。したがって、a_1 の援助により G_1 は斜線内に入り成長率は達成できる。

＜ケース2＞A国の目標成長率：G_2 とすると外貨不足と貯蓄不足の双方が生じる。従って、a_2 の援助が必要となる。（外貨不足だけならば a'_2 の援助のみ）

しかしながら、A国にとって不足しているのは外貨と貯蓄だけではなく人的資本の不足、社会的資本の不足、資源不足等が考えられる。

第3節　教育と開発

1．教育と貧困の緩和

貧困の一因は教育不足にある。途上国の非識字率は、成人の1／3で、その2／3は女性である。また、教育は経済開発の基礎でありその普及は経済・社会の発展には不可欠である。しかも教育は成長を促すだけではなく、所得格差を是正することから経済開発と福祉の向上に貢献できる。教育投資による教育水準の向上は、労働の生産性を高め経済発展が可能となる（マクロ面）と同時に雇用の創出や所得の向上により個人の生活水準の改善や貧困緩和が期待できる（ミクロ面）。例えば、世銀の調査によると（1980）初等教育を4年間受けた農民は教育をまったく受けていない農民と比べ平均8.7％高い生産性が見られた。更に、女子教育も重要である。適切な教育があれば子どもの死亡率が減少し、家族計画にも役立ちこれが出生率の低下や女性の職業の選択の余地を高められる。

2．初等教育の重要性

日本の戦後の高い経済成長率達成の要因の1つに適正な教育政策があった。

　①基礎教育充実のための義務教育

　②給食制度（教育は体力作りから）

③ 企業の需要に応じた専門学校設立による職業訓練の導入（労働市場の需給マッチング）
④ 質の高い教師の養成（東京学芸大学等の教員養成大学の設立）
⑤ 女子教育の拡大（短大や女子大の設立）

1980年代に東アジアが高成長をもたらした要因の1つに基礎教育（初等，中等教育）の充実があり上記のような日本の経験が活かされていた（Virturous Cycle）。一方，ラテンアメリカは高等教育に多くの予算を充てたため基礎教育まで予算が手当て出来なかったこと，雇用（需要）と教育を受けた労働力（供給）が労働市場でうまくマッチせず（ミスマッチ）東アジアとは対照的に低い成長率であった（Vicious Cycle）。ラテンアメリカの教育の課題は，① 教育の質の改善（教師の質の向上），② 雇用の創出と拡大，③ 人材育成（職業訓練を含めた中等教育の充実）である。

図2－2　途上国の教育と労働市場でのミスマッチ理論

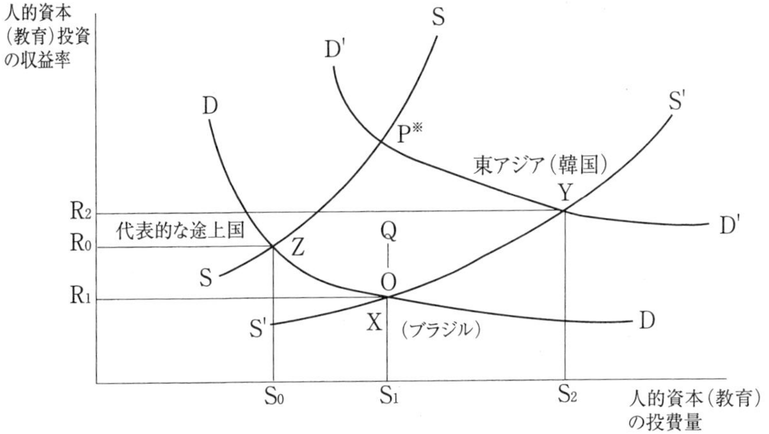

注：Sはスキル（技術）の提供，Dは需要関数
P※は，収益率が高いが，人材と労働需要がアンバランス（人材不足）でより高い経済成長達成のためには，SからS'への教育の拡大が必要。ブラジルはDからD'の拡大により，安定した高い収益率R_2のY点を得る。
出所：廣田政一「教育と経済発展－ラテン・アメリカと東アジアの比較分析」『広島大学国際教育論集』1999年

3．教育の効果分析

1）社会的収益率と個人的収益率

　　UNESCO（国連教育科学文化機関）の資料によれば，貧困層ほど初等教育から受ける利益は大きい。初等教育の効果は中等・高等教育より大きく，教育投資の収益を社会的収益（マクロ）と個人的収益（ミクロ）に分類すると初等教育は両方で高い収益を示し，中等・高等教育と比べ相対的に高い。

2）Beckerの「Human Capital（人的資本論）」

　　教育を資本と見なし，教育を受けた者と受けていない者との将来までに受け取るべき賃金の比較から収益率を算出した（教育投資をした方が収益率が高いことが判明した）。

C：直接費用（教材，学校建設，教師）

C_1：間接費用（通学していたら得られたであろう所得の損失＝機会費用）

r：収益率

Wu：教育を受けていない人の賃金

We：教育を受けている人の賃金

P：将来の就職の可能性（％）

$$C+C_1 = \frac{P(We-Wu)}{1+r}$$

$$\therefore r = \frac{P(We-Wu)}{C+C_1} - 1$$

P（We－Wu）が高ければrは増加し，C＋C_1が高ければrは減少する。これは将来，就職したときに教育費用を上回る生涯賃金の差が大きければ大きいほど教育投資の収益率は高くなることを示している。

第4節　貧困と開発

1．貧困とは何か

「国民経済レベルの貧困」と「個人レベルの貧困」（絵所秀紀），「絶対的貧困」と「相対的貧困」の分け方がある。「絶対的貧困」とは人間としての最低限の生活水準で，世銀に定義では1日1ドル以下の所得で生活する状態を言う（経済指標）。この定義では，開発途上国全体で13億人以上（1996）途上国全人口50億人の26％になる。また，アジアでは世界の貧困層の39％，アフリカサハラ以南では総人口に占める貧困層が39％に達する。しかし，所得だけはなく教育・保健・栄養といった社会状況（社会評価）の評価も必要である。UNDPが人間開発指標を用いて国別にランク付けしたのは経済指標だけでは国の開発状況を知るのは不十分であると考えたからである（社会指標の具体例として，① 5歳以下の乳幼児死亡率，② 安全な飲料水へのアクセス，③ 識字率，④ 初等・中等教育の就学率）。一方，「相対的貧困」とは所得格差（国外，国内），国内の地域格差，人種格差，男女格差がある。経済が発展すれば絶対的貧困は減少するが富の分配政策が適正に行われないと富裕層と貧困層の格差は縮小されない。また，アマルティアセンによれば貧困とは個々の基礎的なCapability（潜在的な選択能力）が欠如している状態であり開発とは個々のCapabilityの拡大を意味するという。これは国レベル，地域レベル，社会階層により異なる。

2．相対的貧困を計る尺度

1）所得格差の場合

　① ローレンツ曲線：所得分配の平等性（三日月型の弧）を見るもので，例えば，平等な直線X線上にある国全体の所得の20％は全人口の所得下位の20％に相当する（図2-3）。

　② ジニー係数：所得分配の平等性を見る係数でローレンツ曲線の面積が三角形に占める割合である。不平等な程この係数は大きく逆に平等なほどこの係数は小さい。相対的に中南米やアフリカが大きく，アジ

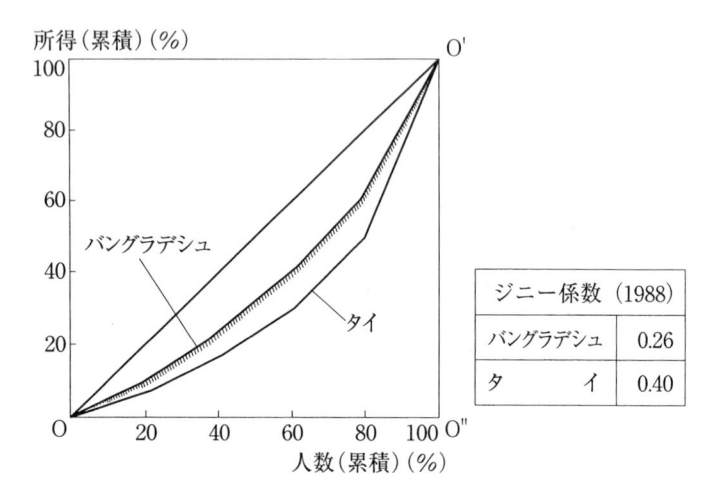

図2-3 ローレンツ曲線とジニー係数

ジニー係数（1988）	
バングラデシュ	0.26
タ　イ	0.40

出所：世界銀行『世界開発報告』1995

アは小さい。[(4)]

③ 貧困層所得のシェアに対する富裕層所得のシェアの割合：ジニー係数は富裕層に弧の比重が傾いても貧困層に弧の比重が傾いても理論的に係数が同じとなる可能性があることから富裕層20％の所得シェア／貧困層20％の所得シェア（％）の方式も採用している。

2）地域格差の場合

都市と農村の格差が挙げられる。途上国の貧困層の7割が農村に住むため貧困解決には農業・農村開発が必要である．しかし，農村における土地所有制度は根強く，ラテンアメリカでは1％の地主が耕地の3／4を所有し土地改革はうまくいっていないと言われる。小作人である農民の生活は苦しく農民の農村から都市への流入が行われるが，都市は農村の余剰労働を吸収できずスラムが発生し社会不安がおこる。失業者は職に就いても不安定なインフォーマルセクター（ex. 輪タク）に従事することとなる。世銀の資料によれば，パキスタン（カラチ）

のインフォーマルセクターに占める都市人口の割合は70％に達する。こうして都市と農村，都市間で格差が広がりつつある。

3．貧困緩和策

1）資金援助

　　社会投資基金（Social Investment Fund）の活用とマイクロファイナンス（小規模自動融資制度）がある。前者は1987年に世銀が実施した農村の貧困層による保険・栄養・教育・小規模企業に関連したプロジェクト支援でNGOがプロジェクトを企画するボトムアップ方式（ボリビア：現在はDUF総括基金）をとっている，後者は貧しい女性が中心となって銀行を活用して女性開発を行ったグラミン銀行（バングラデシュ）の例がある。

2）人的資源の開発と国際支援

① 教育と貧困緩和は関係がある（貧困の一因は教育にあり）。

② 女子教育（家族計画による貧困緩和）は重要である。

③ 初等教育（教育に対する財政支出／GNP比（1985）は高等教育重視のベネズエラと初等・中等教育重視の韓国との間で以下の通り経済発展の相違（韓国が高い）が見られた。

表2－1　教育支出と経済発展（ベネズエラと韓国の比較）

	教育財政支出／GNP（％）〈1985〉	高等教育支出／教育財政支出（％）〈1985〉	1985－93年の経済成長率（％）[5]
ベネズエラ	3.0	43	1.0
韓国	4.3	10	8.1

出所：UNESCO, IDB

④ 職業技術協力

　　近代的な製造業・サービス業には中等教育，職業訓練が必要である（特に雇用との関係が重要）。

⑤ JICA, JBICによる教育セクター支援の特徴

　　　　JICA：教育関連施設の建設，教員養成
　　　　JBIC：大学施設の建設，留学生借款（対，マレーシア）円借款の見返り資金による地方の小学校建設
　3）健康と栄養
　　　栄養不足による病気は，人々の教育や労働能力を低下させ所得が減少する（日本の戦後の義務教育の中で「学校給食制度」は教育向上に大いに貢献した）。また，エイズ感染者の8割が途上国の住民であり有能な人の生命を奪うことは国家の経済開発の損失である。したがって，保健と教育は密接に関係している。
　4）貧困と女性
　　　WID（Women in Development）
　　　世界で最も貧しい人々の7割が女性である。JBICの「開発と女性のガイドライン」によれば，井戸掘りや水道の敷設により女性の川への水汲みの負担が軽減されその分は他の仕事や教育に時間を充てることが出来ることから，プロジェクトの審査の際，女性配慮が項目に入れられている。
　5）農村の貧困緩和
　　　① 農民生活向上のため食糧増産から農村総合開発への転換を行い，地域開発の起爆剤とする。
　　　② 社会投資基金やマイクロファイナンスの活用により末端の住民にも恩恵が届くようにする。

第5節　環境と開発

1）国際的な環境保全への取り組み
　　環境問題についての初めての大規模な国際会議は，1972年にスウェーデンのストックホルムで開催された「国連人間環境会議」である。その後の動きを歴史的に見ると，以下の通りである。

ⅰ) 地球サミットとその後の世界の動き
　　——1992年6月　国連環境会議（地球サミット）　ブラジル
　　　　① 環境と開発に関するリオ宣言
　　　　② アジェンダ21（環境と開発の21世紀に向けた具体的な行動計画）
　　　　③ 森林についての原則声明（森林の保持と利用）
　　　　④ 気候変動枠組条約，生物多様性条約の署名
　　——1993年2月　「持続可能な開発委員会」の設置（国連）
　　　　　　　　　アジェンダ21の監視
　　——1994年3月　GEF（地球環境ファシリティ）設置
　　——1997年6月　国連環境会議特別総会（ニューヨーク）
　　　　　　　　　「アジェンダ21の更なる実施（優先度）のプログラム」採択
　　——1997年12月　「気候変動枠組条約第3回締結国会議（COP3）」（京都）
　　　　　　　　　同会議で採択された京都議定書においては先進国の温室効果ガスの排出削減目標について法的拘束力のある数値目標が決定されるとともに先進国間の「排出権取引」，「共同実施」などが合意された。
　　——2000年11月　「気候変動枠組条約第6回締結国会議（COP6）」（オランダ）京都議定書に規定された措置，制度の具体的内容について協議。合意得られず。
　　　　　　　　　途上国よりGEFの強化の要請。アメリカは途上国にも先進国同様に温暖化ガス削減目標を設けるよう主張した。
　　——2002年9月　持続可能な開発に関する世界首脳会議（ヨハネスブルグ・サミット）京都議定書締結国は未締結国

に対して京都議定書をタイムリーに締結するよう強く求めることとした。

ⅱ）地球環境問題に対する日本の主な取り組み

——1993年7月　日米共同による「地球的展望に立った協力のための共通課題（コモンアジェンダ）の中で健康，人口，環境破壊に取り組むこととした。

——1993年6月　「政府開発援助大綱」（閣議決定）の4つの基本理念の1つが環境保全である。

——1993年11月　「環境基本法」が成立　国際的枠組み造りや国際協力を実施する。

——1997年6月　「国連環境開発特別総会」が開催され我が国の今後の環境協力政策（ISD）の推進を宣言

——1997年12月　「景気変動枠組条約第3回締結国会議（COP3）」京都会議にて我が国は温暖化対策ODA（森林の保全や省・再生エネルギーに対する支援）の具体化の諸施策を発表した（京都イニシアティブ）。

——2000年5月　グリーン購入法（環境配慮商品の調達推進等の法律）

——2001年11月　OECDの「環境と公的輸出信用に関するコモンアプローチ」[(6)]を実施

2）地球規模に拡がる環境問題への取り組み

　我が国は，1997年6月の国連環境開発特別総会において，今後のODAを中心とした環境協力政策を包括的に取り纏めた「21世紀に向けた環境開発支援構想（ISD）」を発表した。1998年の環境ODA実績は，ODA全体の24.5％を占めている。協力内容は5つに分かれる。① 大気汚染（酸性雨等），水質汚濁，廃棄物対策，② 地球温暖化対策（京都イニシアティブ），③ 自然環境保全，④「水」問題，⑤ 環境意

識向上支援である。具体的には酸性雨モニタリング対策や地球温暖化対策に関する研修，インドネシアに対する生物多様性保存計画がある。
3）環境保全に対する日本や国際機関の動向
　a）日本
　　　JICA　環境センター方式（プロジェクト方式技術協力）
　　　　　　　環境行政の人作り，環境センターの建設（タイ，メキシコ，中国）
　　　JBIC　特別環境円借款（1997年9月開始）
　　　　　　　通常よりも長期・低利の借款（金利0.75％，償還期間40年（うち据置10年））
　　　地球環境問題対策案件（森林保・造成，省エネルギー等）や公害対策案件（大気汚染対策，水質汚濁対策，廃棄物対策）が対象で，この分野での実績は（1989－96）居住環境，公害防止，防災の順に多い。代表例としてモロッコ（居住環境），中国（公害防止），マレーシア（省エネ，省資源），チュニジア（森林保全・造成）を挙げることが出来る。特に，中国の環境モデル都市事業はモデル都市3つを設定し，成功例を他の都市に普及させるものである。（日本の優れた技術を採用し「顔の見える援助」を促進する）2002年7月より特別円借款による環境案件の優先分野は表2－2の通りである。
　b）国際機関
　　　世銀内に地球環境ファシリティー（GEF）が設立（1991）され，これは世銀，UNDP（国連開発計画），UNEP（国連環境計画）の三者共同の環境保全を目的とした資金と技術からなる環境協力である。
　c）NGO
　　　草の根無償協力による環境協力で1995年に132件，7億円実施

表2－2　特別円借款による環境案件の優先分野

I．地球環境・公害対策	5．代替エネルギー（新・再生可能エネルギー）
1．森林保全・造成 　(1)森林保全・管理 　(2)造林，植林 　(3)森林資源調査 　(4)その他（モニタリング・システム等）	例：太陽光発電・太陽熱利用（発電を含む） 　　風力発電 　　廃棄物発電及び熱利用 　　地熱発電 　　バイオマスエネルギー 　　都市廃熱利用 　　燃料電池 　　排ガス利用
2．公害防止 　(1)大気汚染防止 　　例：大気汚染防止施設の設置 　　　　大気汚染物質排出削減に資する 　　　　既存発電所のリハビリ 　　　　工場等の高規格化，リハビリ 　　　　大気汚染防止のための石炭調質， 　　　　選炭	6．オゾン層保護 　例：フロン等排出抑制・回収技術 　　　オゾン層破壊物質処理 　　　モニタリング
(2)水質汚濁防止 　　例：排水処理，再生利用 　　　　ヘドロ処理，残滓処理 　　　　水質汚濁防止のための工場移転 　　　　港湾等における汚濁物質の排水 　　　　防止施設 　　　　下水処理施設	7．海洋汚染 　例：海洋汚染防止のための機械・船舶等， 　　　海洋投棄対策 　　　モニタリング
(3)廃棄物処理 　　例：廃棄物収集，処理，処分	8．砂漠化防止 　例：植林，森林保全 　　　砂漠化防止型農業
3．省エネ，省資源 　例：省エネルギー施設の設置 　　　省エネ，省資源を目的とした発 　　　電所，送配電線 　　　地域熱供給 　　　コジェネレーション	9．感染症対策・貧困削減に資する上水道 出所：国際協力銀行　広報資料 2002．
4．自然環境保全 　(1)野生生物保護 　(2)水産資源調査 　(3)遺伝資源調査 　(4)土壌保全 　(5)その他（研究，モニタリング）	

　　　　　（全体約12％）。

　　4）ODAプロジェクトの環境配慮

　　　　環境ガイドライン：1999年10月に「円借款における環境配慮のため

のJBICガイドライン」2002年4月に「環境社会配慮確認のための国際協力銀行ガイドライン」が作成されている（例；空港プロジェクト）。

環境プロジェクトには環境配慮と環境活用がある。前者は上記のガイドラインに見られるが，後者は自然環境をそのまま活かした公園等の「環境観光」（エコーツーリズム）がある。

第6節　債務問題と構造調整

1）途上国の債務問題

　ⅰ）債務問題とは

　　　途上国が開発資金あるいは経常収支の赤字を補うために借りた資金を期日通りに返済出来ないことを言う。(7) 1980年代に特にラテンアメリカで顕在化した。

　ⅱ）債務問題の発生要因

　　①石油ショックによる石油代金の支払い増加（第1次ショック：1973，第2次ショック：1979）

　　②2次石油ショックによる先進国の景気低迷から途上国の輸入の伸び悩み

　　③途上国の財政赤字（行き過ぎた開発計画，非効率な国営企業），輸入の急増，産油国のオイルダラーが非産油国に流れるが安易な対外借入の実行（貸し手，借り手双方の責任）

　　④1980年代前半の世界的な高金利による債務国の利払い増加

2）1982年にはメキシコが債務不履行を実施（テキーラ危機）国際金融危機を発生させた。

　ⅰ）途上国の債務問題の現状

　　　世銀（Global Development Finance 2002）によれば，2001年末現在の途上国の対外長期債務残高は（全対外債務残高の83%を占める）約2兆ドル（240兆円）に達し，JBICの貸付残高

(2001年3月末)21兆円の10倍である。このうち,公的債務残高(借り方が政府等の公的機関)は1.5兆ドルで,貸し手は多国間(国際機関)23%,日本など二国間33%,民間44%であった。

なお,累積債務問題に直面している国は,中南米の中・低所得国やアフリカのサハラ以南に多い。

ⅱ)債務問題の解決策(債務繰り延べ＜リスケジュール,リスケ＞の仕組み)

債務削減の方法には,2つの流れがある。

① 債務救済無償:無償資金の供与によりこれを返済に充当。但し,資金供与相当の現地通貨(内貨)は貧困緩和や教育・保健等の社会開発に活用される。

② パリクラブにおける債務救済:この方が一般的と思われることからこれを説明する。

債務者の債務不履行に対しては企業の場合は担保の差し押さえがあるが,相手が国家の場合には資産の差し押さえは不可能である。そこで返済資金の繰り延べが必要となった(居酒屋の一部代金のツケと同じで手元には資金がないが後日,お金が入り次第返済するので相互の信頼により待って貰う考え方と似ている)。

＜債務繰り延べの仕組み＞－公的債務の場合

① IMFが当該国の経済状態をサーベイ(検査)する(IMFは公的な立場より国家の経済政策を監視している)。

② IMFはサーベイ(検査)の結果,当該国の経済状況が悪く,当面,返済が困難と判断すれば当該国にコンディショナリティ(改善の為の条件)を課す。──財政赤字の縮小,公務員数の削減,輸出増加策等の経済政策目標年次を決める。

③ 当該国はIMFとの交渉の結果この条件の受け入れの意図表明

を行う(インテンション・レターの発出)。

④ IMFがこれを合意する。IMFは経済救済のため短期の資金を供与する。

⑤ IMFのお墨付きによりフランス大蔵省が日本, アメリカ, ドイツ等の債権国に召集をかける。この債権国会議は途上国の対象国毎に行われパリで開催されるので「パリクラブ」と呼ぶ。因みに, 民間債務の繰り延べ会議は, 民間銀行団と当該国とでロンドンで開催されるので「ロンドンクラブ」と称す(なお, 民間債務の削減については1989年に新債務戦略が成立している。IMFや世銀の特別な金融支援のもとで行われる。まず民間債務の多いブラジルやメキシコのような中所得国がIMFと中期経済調整プログラムについて合意を得て民間銀行と債務国との間で債務削減交渉を行う。削減方法にはいくつかのメニューがある。主なものは, ①元本の削減, ②利払いの軽減, ③ニューマネー, ④債務・株式スワップ, でありこれは債務の証券化により行われる。債権を保有する銀行がニューヨークの市場などで民間の投資家に額面より安く債権を売却し, 購入した投資家は外貨建て債権を途上国政府に割引価格で売却し現地通貨を収得することにより債務国の会社＜合弁会社＞の株式を収得する)。

⑥ このようにパリクラブ開催にはIMFと当該国との間での経済調整プログラムの合意が前提条件となっているが, その内容は各債権国が債務国と債権額の確定や金利等の貸付条件の細目について債務国と取り決めを結ぶ。(金利, 繰り延べ期間については各国とも同一＜債権者平等の原則＞)

⑦ 但し, 低所得重債務国, 重債務貧困国の取り扱いは別である。
　――低所得重債務国(カンボジア, ホンジュラス等)救済
　　　(i)トロント方式(1988)33％債務削減, (ii)拡大トロント

方式（1991）50％債務削減，(iii)ナポリ方式（1994）67％債務削減

いずれも通常適用される条件より緩やかで，債務削減，繰り延べ期間の延長，金利の引き下げに関するもの。

——重債務貧困国（ボリビア，ウガンダ等）救済

(i)リヨン方式（1996）：HIPCイニシアティブで80％債務削減

(ii)ケルン債務イニシアティブ（拡大HIPCイニシアティブ）（1999）

HIPCイニシアティブが改善され対象国が拡大しIDA（第2世銀）支援の適格国等の条件が合致すれば対象国として可能となった。ODA100％削減，非ODA原則90％まで削減（従来は80％）

＜HIPC＝重債務貧困国とは＞

世界で最も貧しく重い債務を負っている開発途上国――1993年において1人当たりGNPが695ドル以下，現在価値での債務合計額が輸出年額の2.5倍以上，若しくはGNPの80％以上である。現在，40カ国が該当し，うち33カ国が中近東・アフリカ地域の国である。

＜最近の債務救済の動き＞

1998年のIMF・世銀総会で提案されたCDF（包括的開発のフレームワーク）を具現化するものとして，PRSP（貧困削減戦略書）が1999年9月のIMF・世銀の合同開発委員会で合意された。世界の72（重債務国，IDA融資適格国，PRGF-1995年1人当たりGDPが895ドル以下の低所得国）の途上国はPRSPの策定を求められている（2001年末までに25カ国が策定）。

1）PRSPの基本理念
　　① 途上国のオーナーシップ（策定，モニタリング，評価）
　　② 目標の設定（指標化）
　　③ 包括的なアプローチ（ガバナンス，各セクター間のアプローチ）
　　④ パートナーシップ（ドナー，市民社会，NGO，民間セクター等）
　　⑤ 長期的な視野（キャパシティ・ビルディング）
2）PRSPの内容
　　貧困削減に焦点をあてた3年間の経済・社会開発計画を策定する。
　　① 貧困の現状分析
　　② 参加型プロセス
　　③ 貧困削減政策の優先順位
　　④ モニタリング
　但し，適用を受けようとする国は世銀・IMF監視下での過去3カ年のマクロ経済及び構造調整と社会政策の改革実績の一定の評価が必要である。
㈎　債務状況を計る指標
　　① デットサービス・レイシオ（DSR，債務返済比率）＝元利支払い／財・サービスの輸出（％）＜フロー＞　例：ブラジル41.1％（1996）
　　② 債務輸出比率＝債務残高／財・サービスの輸出（％）＜ストック＞　例：インド15.0％（1999），アルゼンチン75.8％（1999）
　　③ 債務GNP比率＝債務残高／GNP（％）＜ストック＞　例：タンザニア129.7％（1996），マレーシア42.4％（1996）
㈑　構造調整
　途上国は，1979年に発生した第2次石油ショック後の国際収支困難，その後，1982年の債務問題の顕在化により構造的な支払い能力の問題に直面した。構造調整とは，この支払い能力の問題を解決する政策で

表2-3 メキシコとタイの通貨危機の相違

	（原因）	（対策）
メキシコ	①経常収支の大幅な赤字と対外資金の流入減少 ②短期のドル兌換政府債券発行による対外債務の増加	NAFTA枠を活用した米国輸出の増加
タイ	①バーツ切り下げによる経常収支の大幅な赤字 ②外国資本の大量流入（オフショア市場）によるインフレが高まったが土地投機のバブルが弾けた ③外需依存の産業構造は他のアジアの国の追い上げにより打撃	内需拡大（ASEAN諸国内）と高付加価値をもたらす産業構造改革

出所：加賀美充洋「タイとメキシコの金融危機」『日本経済新聞』1997年8月19日

ある（経済構造の抜本的改革）。

ⅰ）構造調整への国際的な支援

① 公共部門の改革（民営化）　② 貿易部門の改革（通関等の貿易手続きの簡素化）　③ 金融部門の改革（金融機関の統廃合，コンピューター導入による事務の合理化）

ⅱ）IMF，世銀による構造調整融資の期待される効果

国際収支の支援により経済の安定化をはかるとともに（IMFのマクロ経済支援），上記の改革プログラムを実施することにより経済の効率化・合理化を図る（世銀のミクロ経済政策）。両者が順調に途上国で実施されれば持続可能な経済成長が期待できる。

第7節　女性と開発（バングラデシュのマイクロファイナンスを例として）

バングラデシュのグラミン銀行は，貧困層を対象に小規模融資を行うマイクロファイナンス（小規模自動融資制度）を実施している。日本は1995年に円借

款（約30億円）によるツーステップ・ローンを供与している（バングラデシュ政府がグラミン銀行に転貸する）。

借り手はほとんどが貧しい農村の女性であることから「女性銀行」とも言われている。農村の貧困緩和，女性の社会進出や自立，女性の雇用機会の創出等で成功したODAの事例である。土地なし貧困層にとって，借り入れ資金の担保は，5人からなるグループの連帯保証であった。結果的には銀行にとって高い回収率を維持し小規模融資の資金は借り手，貸し手の双方に好循環をもたらした。

なお，ODAでは，女性の自立を支援するため，ジェンダー平等（性の間の社会的・文化的格差の是正）を配慮している（参考文献『マイクロファイナンス読本』）。

第8節　経済インフラと社会インフラ

途上国の開発は大きく分けて経済開発と社会開発に大別される。前者が所得や資本といった金銭を対象としているのに対し，後者は教育，保健のような人間が生存していくためのBHN（人間の基本的ニーズ）を対象としている。両者とも相互補完関係にあり人間の生活向上，社会福祉の改善の観点から重要である。我が国は経済開発は主にJBICが，社会開発は主にJICAという役割分担がある。歴史的には我が国は円借款による経済インフラに始まりその金額も大きかった。近年は貧困問題がクローズアップされ社会開発の重要性が見直されてきて上下水道，学校建設，病院建設は資本と技術の一体化が必要である。更に環境問題も発生し，個々の国にとどまらず地球規模で考えなくてはならなくなってきた。又，経済インフラと社会インフラの境もなくなり総合プロジェクトとしての発想が必要になってきた。但し，その整備の比重や優先度は途上国の経済・社会の発展により異なる。一般には遅れている国は社会開発に優先を置き，発展している国は経済開発に優先度が高く，国家予算の多くがその優先度に応じて割り当てられ不足分はODAにより補填されている。マレーシア

(後者)とネパール(前者)が良い例である。しかし,最近は,農村開発のように農業インフラの他に農村電化,上下水道,農業普及教育等を包括した地域開発推進型のプロジェクトが増えている。

第9節　参加型開発(ベトナムを例として)

社会開発型案件の形成・実施には計画立案,意思決定,事業実施,施設の運営,維持管理の各段階において受益者の参加を得ることが,事業の効果発現や持続性には不可決である。

ベトナムを具体例として取り上げる。

1) ベトナムのパートナーシップとはなにか。
   (1) 背景
       1989年　世銀「開発におけるパートナーシップ」を提唱
       1999年　世銀「包括的開発の枠組み」を提唱
       従来は援助国(ドナー)各々の支援方針に基づいて個別にプログラムを進めていったが,今回,情報の共有による有機的な支援が行われることとなった。
   (2) 目的
       ① ODAの借り入れ国,ドナー双方が援助による持続的開発の達成という共通目的のために借り入れ国自身が(リーダーシップを執ること)開発戦略を形成し,ドナーがその実現のために協力すること。
       ② ODAの資金はベトナムの経済社会の発展に大いに寄与したものの,多くの問題点や改善点があることからODAの有効性を高める必要があること。
   (3) 内容
       i) 形態
          ワーキンググループの開催(ベトナム側,ドナー,NGO,民間がテーマ毎に支援プログラムの意見交換・調整を行う。)

ⅱ）内容
被援助国（ベトナム）の主体性を重視したパートナーシップ
① 情報の共有化（透明性）　② 支援プログラムの調整
ⅲ）期待される効果
４つの原則の確立
① 援助を受ける政府・国民の立場の尊重
② ドナーの得意な分野での経験
③ ベトナム国民の参加
④ 情報公開による透明性の確保（各メンバーに進捗状況を報告）

2）日本のベトナムに対する協力
(1) ベトナムに対するODA（1999）は，ベトナム全体で151億ドル，うち日本は60億ドルでシェア４割を占め最大である（世銀とADB＜アジア開発銀行＞と日本の三者合計で全供与額の３／４を占める）。
1992年12月CG（支援国会議）で日本は３つのワーキンググループに参加──運輸，中小企業，ホーチミン市開発
(2) 日本のベトナム支援実績
５つの分野
① 市場経済化に向けた人材の育成
② 電力・運輸
③ 農業開発（農村インフラ整備）
④ 教育・医療
⑤ 環境保全
＜具体例＞
──農村・山岳地域の小学校建設
──北部・南部の発電所の建設
──年間250名以上の日本での技術研修

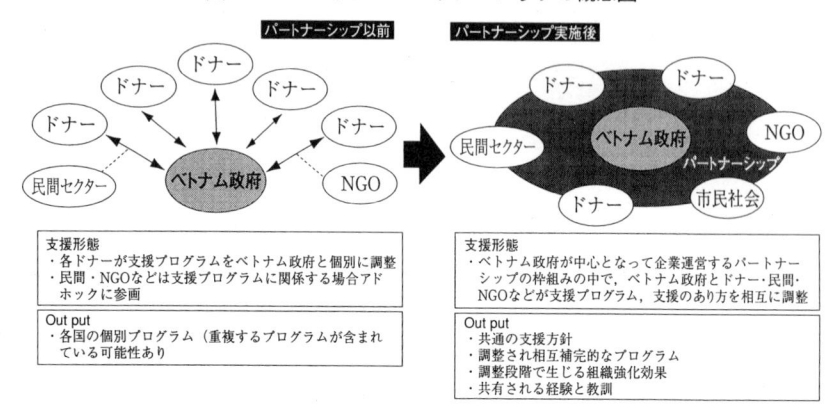

図2-4　ベトナムパートナーシップの概念図

パートナーシップ以前
- ドナー、ドナー、ドナー、ドナー、ドナー、民間セクター、NGOがベトナム政府と個別に関係

支援形態
・各ドナーが支援プログラムをベトナム政府と個別に調整
・民間・NGOなどは支援プログラムに関係する場合アドホックに参画

Out put
・各国の個別プログラム（重複するプログラムが含まれている可能性あり）

パートナーシップ実施後
- ベトナム政府を中心に、ドナー、民間セクター、NGO、市民社会がパートナーシップで結びつく

支援形態
・ベトナム政府が中心となって企業運営するパートナーシップの枠組みの中で、ベトナム政府とドナー・民間・NGOなどが支援プログラム、支援のあり方を相互に調整

Out put
・共通の支援方針
・調整され相互補完的なプログラム
・調整段階で生じる組織強化効果
・共有される経験と教訓

出所：*Development & Cooperation*, No.3 国際協力銀行

第10節　地域経済統合（メルコスールを例として）

1．メルコスールの内容

メルコスール（Mercado Comun del Sur　南米南部共同市場）は、アルゼンチン、ブラジル、パラグアイ、ウルグアイの4カ国で構成する共同市場であり、またチリ、ボリビアの2カ国を準加盟国としている。現在、メルコスールは共同市場とは言えず、不完全な状況の関税同盟にとどまっている。参加国にとって、まず統合プロセス（ALADIラテン・アメリカ統一連合）が長期的国家政策であることから政治決定が優先され、それを経済政策が補完している。

メルコスールの統合の段階と他の地域統合との比較は以下の通りである（パラグアイ中銀資料等による）。

＊第1段階：商業取引の特恵（域内関税削減）

域外に対する特恵を拡大せずに商業取引の特恵を相互に認める。

＊第2段階：自由な商業取引（域内関税撤廃）

統合する国が域内での関税をゼロに下げる。しかし、各国は域内では合意していない第三国との対外関税率は維持する（例：NAFTA）。

＊第3段階：関税同盟—加盟国は域内の関税率を削減

「共通対外関税」を採用する。最初は商業取引の自由化（域内関税ゼロ），次に，共通対外関税で加盟国は第三国からの輸入に適用される税率を同一とする（例：MERCOSUR）。

＊第4段階：共同市場—MERCOSURはこの段階を目指している（域内資本労働移動）。

財やサービスの自由な移動や共通対外関税のほかに，労働や資本のような生産要素の自由な移動が存在する。更に，各国間でのマクロ経済政策やセクター政策の調整が必要（対外取引，農業，工業，財政，通貨，為替，資本，サービス，税関，運輸，通信），また，統合手続きの強化のための法制度の整備が必要である。

＊第5段階：経済同盟（経済政策の共通化）

経済同盟は共同市場の同盟よりも上位の統合形態であり，経済政策の不釣合いから発生する差別化を削除するために国内の経済政策に関する一定の調整が共同市場に補足される。

＊第6段階：完全統合（通貨統合，超国家機関）

単なる経済政策の統合を超え，想定されるのは通貨統合などである。このためには，加盟国間の決定を繋ぐ超国家権限をもつ組織の創設が必要となる。通貨政策の統合には国別の中央銀行の中央銀行が必要であり，単一通貨の導入を図る。当初は各国間の為替レートを固定する（例：EU）。

2．メルコスール設立の経緯と将来構想

メルコスールは，1985年にブラジルとアルゼンチンの間で共同市場設立に向けて政治的意思表明を盛り込んだ「イグアス宣言」に始まる。1989年に10年後を目途に両国間で「自由貿易地域」を約束した「統合・協力・開発に関する協定」が承認され，1990年に「ブエノスアイレス議定書」とALADIの枠組みによる経済補完協定第14号の二国間協定が締結された。両国はウルグアイとパラグアイに参加を呼びかけ，1991年3月には，1994年12月末迄に「共同市場」を

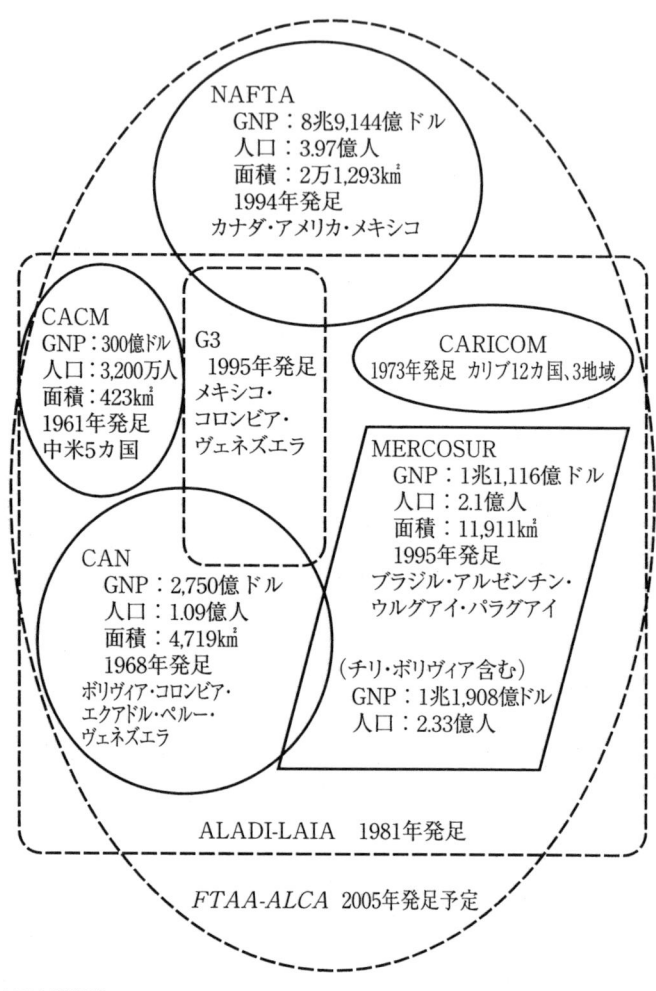

図2−5　中南米の地域統合概念図

NAFTA
　GNP：8兆9,144億ドル
　人口：3.97億人
　面積：2万1,293km²
　1994年発足
　カナダ・アメリカ・メキシコ

CACM
　GNP：300億ドル
　人口：3,200万人
　面積：423km²
　1961年発足
　中米5カ国

G3
　1995年発足
　メキシコ・
　コロンビア・
　ヴェネズエラ

CARICOM
　1973年発足　カリブ12カ国、3地域

MERCOSUR
　GNP：1兆1,116億ドル
　人口：2.1億人
　面積：11,911km²
　1995年発足
　ブラジル・アルゼンチン・
　ウルグアイ・パラグアイ

　（チリ・ボリヴィア含む）
　GNP：1兆1,908億ドル
　人口：2.33億人

CAN
　GNP：2,750億ドル
　人口：1.09億人
　面積：4,719km²
　1968年発足
　ボリヴィア・コロンビア・
　エクアドル・ペルー・
　ヴェネズエラ

ALADI-LAIA　1981年発足

FTAA-ALCA　2005年発足予定

＊数値は1998年推計値.
出所：IBRD, WORLD DEVELOPMENT REPORT 1999/2000より作成

形成すること，並びに市場創設までのプロセスを想定する「アスンシオン条約」が署名され，同年11月に発効された。1995年1月から4カ国で構成される「関税同盟」として発足した（チリ，ボリビアは準加盟国）。最近の動向として域

内貿易は関税引き下げ効果が大きく，1998年は1990年の5倍弱の貿易の伸びであった（貿易創造効果）がNAFTAやEUと比べると総貿易額に占める域内貿易の比率は小さい。1997年のブラジルの通貨危機により最近のメルコスールの域内貿易は1995年の水準まで落ち込んだ。更に，ブラジルとアルゼンチンとの間の貿易自由化に伴う貿易摩擦が顕在化し統合のプロセスは大幅に遅れている。しかしながら，EUを最大の貿易市場としているメルコスールはEUの統合経験を基に統合を進めている。EUとの比較においては加盟国間の経済力や全体としての政策歩調に欠けているものの，EUの経済・技術支援により関税同盟から共同市場体に向けての形成を目指している。メルコスールは，中南米を一体化したALADI（ラテンアメリカ統合連合）が1981年に設立されているが，2005年に向け，北米とカナダを加えた34カ国からなるFTAA-ALCA（米州自由貿易地域）構想の実現を目指し両国と交渉中である。

第11節　ODAと民間による開発（観光開発を例として）

1．観光開発の効果と政府と民間の役割分担

　観光開発は，環境保全等が配慮された適切なる開発が行われればプラス面のインパクトが生じた高い評価が得られる。①外貨獲得効果，②雇用創出効果，③地域開発効果，④その他税収増による財政効果，観光ノウハウの移転効果，がある。途上国の観光開発計画に対する政府と民間の協力は，役割分担が必要となる。例えば，観光インフラや環境案件に対してはODAが活用され，増加する外国人観光客に対応するためのホテルやレジャー施設は民間が行う。観光従事者に対する人材育成はODAと民間で行われる。一方，観光宣伝等の観光振興は民間の果たす役割が大きい。

2．観光協力の支援方策

　「人造り」，「環境配慮の開発」，「雇用創出」が重要な柱であることから，以下の方策が考えられる。

1）ODAの活用
　i）ODAの技術協力の活用により観光従事者に対する人材育成を強化する。具体的には，① ホテル・観光学校の教育に対する支援，② 観光行政担当者への研修
　ii）環境を配慮した観光開発計画の策定と実施を行う。ODAの技術協力と資金協力の有機的な活用により，例えば，① 観光行政／観光法令／観光投資によるソフト面，② 環境案件（上下水道／海水汚染防止），③ 文化遺産の修復・保全，④ 観光地の地域開発（道路／通信）
　iii）中小企業の育成：途上国の観光産業の多くは手工業をはじめ中小企業が多く，その支援により経済面の他に，雇用機会の創出という経済・社会的なインパクトが大きいことから途上国の開発銀行を通じた資金協力（ツーステップローン）を一層活用し観光産業の育成を図る。
2）民間資金の活用
　i）民間資金の活用：民間資金によるホテル等の観光施設は途上国の雇用面での効果が大きく，また，ミクロ面では経営の技術移転や投資収益の一部地元還元による再投資，マクロ面では税収の増大や国際収支の改善にも寄与する。
　ii）民間インフラに対する協力：外国旅行者とりわけ，日本人旅行者にとり「快適性」「利便性」「時間節約」が要求される中で都市における道路混雑の緩和，そのための高速道路建設は旅行者にとってはプラス面があると言われる。最近はBOT（Built-in-Transfer）による高速道路の整備がフィリピン等の国で進められた。この新しい融資形態である「民活インフラ」方式は，これまで政府が負担してきた産業経済基盤(インフラ)整備の分野で事業を民間に任せる方式を取り，実施機関は民間である。外国より民間資金の他に他の公的資金を取り入れて実施するものである。民間だけでは環境対策（住民移転，水質汚染等）には限界があるが，将来，観光分野においてもこの民活インフラの役割が期待される。

3. 持続可能な観光開発のモデル

クーパー（Cooper）は，マスツーリズムと持続可能な観光開発に関して，社会的限界費用と経済的限界費用を対比し，マスツーリズムを可能な限り回避した適切な観光客数決定を理論的に説明した。[8]

図2－6　持続可能な観光開発
(Cooper, Fletcher, Gilgert and Wanhill モデル＝Cooper等の理論モデル)

持続可能な観光開発
（観光入場者のCarring Capacityと環境）

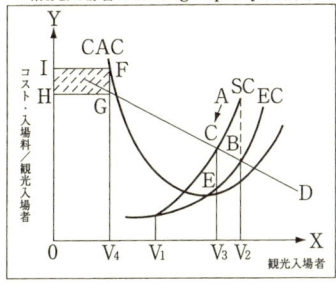

横軸（X）：観光入場者
縦軸（Y）：入場者1人当たりの観光施設のコスト，
　　　　　または1人当たりの価格（入場料）
D：観光入場者の需要
SC：社会的限界費用（Social Cost Per Unit）
EC：経済的限界費用（Economic Cost Per Usage）
CAC：観光施設の平均費用
　　　（Combined Average Cost）
V_1：観光施設のCarrying Capacity

出所：廣田政一『国際観光開発の経済学』世界経済研究協会 2001
原典：Chris Cooper, John Fletcher, etc., "*Tourism Principles & Practice*" PITMAN, 1993

観光施設のCarrying Capacityは V_1 であり，例えば，$V_1 \to V_2$ まで観光客が増加するとEC＝Dの点B（混雑するが施設としては経済的に最適な利用）が決定する。この場合，AB部分の環境面での外部不経済が生じる（この水準を維持するためには国際協力が必要）。すなわち，この時点で，社会的限界費用が経済的限界費用を上回る。一方，入場者数を V_3 まで減少（A→C）させると，CEに等しい観光税を入場者に課すことによりSC＝Dの点Cが決まり，社会的コストは消滅する。

一方，Capacityの限度内 $V_1 \to V_4$ まで入場者を減らすと，供給費用＞収入となり斜線部分に政府の補助金が必要となる。そこで当局はSCを右下方へ移動させ，C→Bに近づける努力が当局に必要とされる。観光施設の持続可能な発展のために，ⅰ）環境を活かした観光開発，ⅱ）環境を配慮した観光開発による観光資源の有効活用，の両方が成されれば，社会的コストも低減し，入場者が増加しても社会的コストと経済的コストの差額を負担しなくても済むであろ

表2-4　中南米の経済成長率とインフレ率[9]　(%)

	成長率（　）内は97年		インフレ率
	1981～1990年	1991年～1997年	1997年
中南米・カリブ諸国全体	1.0	3.5	約9.0
アルゼンチン	−0.7	5.5 (8.0)	0.3[注2]
ブラジル	1.3	2.8 (3.3)	4.8[注3]
チリ	3.0	7.0 (6.5)	6.1
コロンビア	3.7	4.1 (2.9)	17.7
メキシコ	1.8[注1]	2.8 (7.0)	15.7
ペルー	−1.2	5.4 (7.4)	6.5
ベネズエラ	−0.7	2.9 (5.1)	37.7

注1：メキシコ通貨危機，緊縮財政
注2：2,300%（1990）1ドル＝1ペソ政策，民営化
　　　政策，電気通信の民営化
注3：2,700%（1994）新通貨レアルによる経済安定化
出所：「CEPAL, Balance Preliminar de Economia Latinoamericana 1997, 1997」他

う。従って，このような観点に立った日本の観光協力はそれなりに意義がある。

第12節　地域開発（中南米の開発の問題と課題を例として）

1．中南米は世銀ではラテンアメリカ（正確にはLatin America & Caribbean Countries）と称しカリブ海諸国を含む33カ国からなる。このうち日本がODAを供与している国は中南米・カリブ10カ国，南米11カ国の計21カ国ある（ここでは外務省が使用している中南米で進める）。代表的な供与先はペルー，パラグアイ，ブラジル，メキシコで日系移民が活躍している国や日本と経済・貿易面で繋がりが多い国である。また，この地域の特徴として，中進国であるブラジル，社会主義国キューバ，最貧国（重債務貧困国）ボリビアと多岐にわたっていることである。しかしながら，総じて1人当たり国民所得（GNP）が他の地域と比べて高いことが言える。従って，ODAの内容はボリビア，ペルーのような貧困削減のプログラムやブラジル，メキシコに供与されている環境案

件（上下水道，植林，大気汚染対策等），地域格差是正のためにブラジル，パラグアイ，エクアドルで実績のある農業・農村開発案件が中心となる。一方，民営化も行われ，ブラジル，アルゼンチン，チリ，メキシコのような比較的所得が高い国に見られる。対象分野は通信，電力，鉄道等と経済基盤インフラである。ODAだけでなく民間資金も他の諸外国から取り入れられている。

2．日本の二国間ODA（2000年）の約6割がアジアに向けられている中で，中南米は9％である（中南米から見たODAは19％）。その主な受入国はペルーとブラジルである（両国とのODAに占める円借款の割合が高い）。一方，中南米から見たODAの供与先は（1999年）アメリカ29.2％，日本19.2％，ドイツ9.4％，スペイン9.1％の順で，日本のODAプレゼンスは，経済・貿易の流れの太さ，地理的条件の優位さ（裏庭とも言われる）も持つアメリカのODAプレゼンスにはとても及ばないものの全体の1／5を占めドイツを大きく引き離していることから大きいと評価しても良いと思われる（因みに，日本ODAプレゼンスはアジアが60.29％，アフリカ11.9％）。また，ODAの1／3を占める円借款は過去4カ年（交換公文ベース）で見ると，1997年12.2％，98年0.9％，99年7.8％，2000年14.1％で平均9％程度である。

3．中南米諸国が抱える課題（グローバル化の中で）

1）以下の7つの項目が考えられる。

①民主化（社会主義国キューバ），安定政治（ブラジルやエクアドルの政権交代による不安定な政治），リーダーシップ（ペルーのように強いリーダーシップ者が不在）と多岐にわたる。

②1980年代の失われた10年（低成長，高インフレ，高失業率）を克服したものの（表2－4）今後の持続的な安定成長やインフレ抑制の保証への努力が必要とされる。グッド・ガバナンスも必要である。例えば，ブラジルは対外的には2,000億ドルを超す公的対外債務によって金融不安をおこし，対内的には貧富の格差拡大により社会不安を高めている。財政赤字の縮小や公的対外債務の管理を実施できる良い統治が問われている。

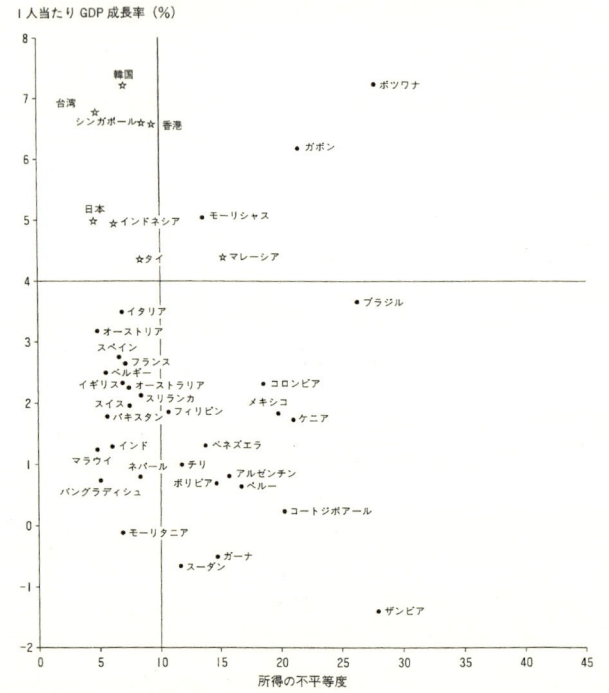

図2-7 所得の不平等度とGDP成長率, 1965～89年[10]

注：所得の不平等度は，人口の20％を占める最富裕層の所得シェアと人口の20％を占める最貧層の所得シェアの比率により求められる。
原典：世銀データ。
出所：世界銀行著，白鳥正喜監訳『東アジアの軌跡：経済成長と政府の役割』東洋経済新報社，1994年，p.33

③ 貧富の格差（域内，国内）：中南米地域内での所得格差（ブラジルとボリビア），また，国内では大土地所有制度を採用している中南米の大半の国での農村における所得格差（ブラジル，グアテマラ），さらに都市と農村の賃金格差（農村に貧困者が多いペルー），都市における失業者（アルゼンチン）が存在する。特に国内の貧富の格差は社会不安を起こしこれが政治や経済の不安定に繋がる。

④ 社会開発と貧困撲滅：ボリビアやグアテマラのような最貧国，低所得国はBHNの開発が遅れている。教育や医療，上下水の分野の開発が一

層必要とされる。ペルーのように農村における貧困はテロ活動の温床となり社会不安を高める。中進国の華やかな工業化の裏にある中南米の特徴でもある。

⑤ 環境対策：比較的所得の高い中南米では経済の発展とともに環境問題が浮上してくる。水質汚染の改善や火力発電の脱硫装置の設置による対策があるがブラジルの環境に優しい風力発電やメキシコの植林計画は環境をポジティブにとらえている点で評価できる。

⑥ 雇用対策と教育政策：景気後退による雇用不安が中南米の多くの国でおきている。中小企業の育成や農業の近代化が必要。雇用は教育と密接に関連し施設や人材（教師）の面での教育環境を充実させることである。農村を中心に女子教育が遅れている。女子教育の充実は個人の知識や能力を高めて家計の上でも所得向上に貢献する他，人材の幅を広げ社会進出を高め経済発展の原動力となる。

⑦ 対外債務の返済と外貨不足：アジアと比べて債務繰り延べをした国が多い（繰り延べの繰り延べをした国もある）。また，メキシコやペルーのように対外債務の支払い停止宣言を行っている国もある。大きな計画に対し十分な予算手当てがなく，将来の輸出による外貨獲得をあてにして対外借入に依存することから返済時点にはそれを支払う余力（輸出による高い外貨準備高）がなくなり首が回らなくなるのである。対外債務管理が不十分であることから適正な借り入れと輸出能力の向上が課題である。IMF融資のコンディショナリティには財政赤字縮小，民営化（余剰人員削減，過剰設備の回避）とともに国際収支赤字の縮小が盛り込まれることが多い。

4．最近の主な国が抱えている経済や社会上の課題と具体的なODA（円借款）による実績事例

① ブラジル：1998年の通貨危機以降，変動為替相場制への移行や金融政策により経済は急速に回復し物価の安定と経済成長の両立を達成した。[11]

しかしながら，地域間の所得格差は深刻で都市への人口流出，農村の疲弊，都市環境の悪化を招いている。

「環境保全」と「地域格差是正」が中心課題である（チェテ川流域環境改善事業，東北伯灌漑事業）。

② ペルー：1993年の国際金融界復帰後，治安の回復とインフラ整備，民営化政策によりマクロ経済（経済成長，インフレーション）が安定化した。安定化の継続とともに「貧困削減」が中心課題である（山岳地域・貧困緩和保全事業，地方都市上下水道事業，リマ首都圏周辺居住域衛生改善事業）。

③ メキシコ：1982年の債務危機後IMFの国際支援により経済は安定化した。その後，1998年には新興市場の混乱による為替の不安定化により経済成長率は減速したが最近は回復基調にある。しかしながら，経済開発にともなう環境問題が深刻化し「環境保全」と「経済成長」の両立が中心的な課題である（地域住民の生活環境改善としてバハカルフォルニア州上下水道整備事業）。

④ パラグアイ：大豆や綿花を中心とした農牧業が経済の中心。従って，農牧業の生産基盤強化が経済開発の中心的課題である（農業部門強化事業＜ツーステップ・ローン＞）。

第13節　南南協力と広域協力に対する支援

経済発展が進んだ途上国が相対的に開発が遅れている途上国を自国の開発経験や人材などを活用して経済・貿易・投資の面から支援し，あわせて地域全体の発展を目指す地域内・地域間の協力を「南南協力」と言う。つまり「南」が「南」を協力するので「南南協力」と称する。この際，先進国も協力を供与する「南」（ODA白書では新興援助国）に対して支援をしているので上流から下流への「3つの縦の流れの協力」である。日本は1998年の南南協力支援会合や第2回アフリカ開発会議（TICADⅡ）に於いてアフリカ開発にアジアへの協力支

援を表明している。また，カリブ海地域の島嶼国は人口や国土面積が小さく経済のスケールメリットが得られにくい。これらの国の大半は観光立国であることから，例えばジャマイカやバルバードスのような比較的所得の高い国が新興援助国となって他の周辺諸国の観光開発や観光振興の国際協力を行うことは意義があり日本でも南南協力として位置付けている。南太平洋の島嶼国についても他の先進国との協力により支援が行われている。このように支援には「第三国研修」や「第三国専門家派遣」があり，日本→新興援助国（タイやブラジル）→被援助国（カンボジア等）の流れで技術移転が行われる。[12]

一方，「広域協力」は文化や経済規模が類似した複数の国が広域的に協力するものでインドシナのメコン河流域開発が代表例である。[13]日本→メコン河流域諸国と面的な協力を支援している。両者ともODAが石を川に投げたときにできる波紋の如く波及効果が期待できる。

第14節　カントリー・リスク

カントリー・リスクとはある国の経済的，政治的，社会的事情等により，その国に対する貸付金の元本及び利息の回収が不可能になるリスクのことで，ODAの貸付（円借款）や民間の投融資の審査・実施に不可欠な事項である。以下，カントリー・リスクの分析方法を挙げる。

リスクは，2つに分類され，
① ソブリンローン（政府等，公的機関の貸付）に対するリスク，② 全ての民住者に対する貸付のリスク。
1．カントリー・リスクの分析方法（途上国の債務分析方法）
　　1）Ratio分析
　　　① 債務返済額／輸出額（Debt Service Ratio）
　　　② 外貨準備高／支払い債務額
　　　③ 債務の伸び率／輸出の伸び率
　　　④ 未払い債務額／輸出額

⑤ 債務返済額／貸付実行額

(債務はいずれも公的債務)

(問題点)

　民間債務や保証なしの債務が含まれていないこと。また，Ratioが高くても輸入を減らす能力があれば債務問題を生じないであろう。従って，上記のRatioを複数組み合わせてリスク判断をする必要がある。

2) チェックリスト分析

①国内経済指標

　　GNP, 1人当たりGNP, 1人当たりGNPの伸び率, インフレ率, 通貨供給量(14), 投資, 所得の伸び率, 財政収支

②対外経済

　　輸出, 輸入, 外貨準備高, 外貨準備の対輸入比率, IMFからの借り入れ, 債務返済比率, 貿易の対GDP比, 元本支払額の全対外債務に対する比率

③社会, 政治

　　政治的安定度, 失業率の推移

2．債務と経済発展

　　表2－5　経済発展に伴う「資金ギャップ」「債務」「所得」の変化

発展段階	資金ギャップ	債務	所得
Ⅰ	小	低	低
Ⅱ	大	低	低
Ⅲ－A	大	高	低
Ⅲ－B	大	高	中
Ⅳ	小	高	中
Ⅴ	ゼロ	低	高

　Ⅰの発展段階の低所得国では投資があまりなく資金ギャップは低い。発展段階Ⅲ－Aの中・低所得資金ギャップが大きいので債務は高い。しかし，

中所得Ⅳにおいては，所得の増大に伴い貯蓄が増加し，資金ギャップはⅢより小さくなるが，債務は高い状態にある。中進国のⅤでは資金ギャップがなくなり，債務が減少し所得は高くなりますます発展する。

注
(1) ①農業中心の伝統的社会の段階　②「離陸」のための先行条件（手工業，商業他）　③離陸　④成熟期　⑤高度大量消費時代　⑥所得の限界効用逓減の時期（余暇の時代）
(2) ゲームの理論については，寺崎（1994），pp.278-279を参照。
(3) 同様の議論については，第2部第1章第3節を参照。
(4) ローレンツ曲線とジニー係数については，寺崎（1994），pp.160-161を参照。
(5) 経済成長率については，寺崎（1995），pp.243-266を参照。
(6) コモンアプローチで求められる環境配慮
　　①スクリーニング及びプロジェクトの分類
　　②環境レビュー
　　③評価と決定
　　④情報交換及び情報公開
　　⑤報告とモニタリング
(7) 経常収支については，第2部第1章第2節を参照。
(8) 限界費用については，寺崎（1994），pp.57-70を参照。
(9) インフレについては，寺崎（1995），pp.267-293を参照。
(10) GDPについては，寺崎（1995），pp.7-9を参照。
(11) 変動相場制については，第2部第2章第2節を参照。
(12) 日本が実施した南南協力の事例
　　―ケニア「ジョモ・ケニヤッタ農工大学」
　　―「ASEAN工学系高等教育ネットワーク」
(13) メコン河流域開発（ODA白書2000）
　　カンボジア，ラオス，ミャンマー，タイ，ベトナムの5カ国と中国の雲南省を流れる全長4,900kmのメコン河流域を開発し流域間諸国の関係強化とASEANの新規加盟国の底上げを通じたASEANの内部格差の是正，ASEANの統合強化を目指すもの。「東西回廊」と「第2東西回廊」（アジアハイウェイ）の道路建設は開発の目玉である。
(14) 通貨供給については，寺崎（1995），pp.130-143を参照。

第2部　国際経済の基礎知識

第1章

国際経済取引はどのように表記されるか

第1節　国際収支表とはどのようなものか

日本の国際収支表（平成13年）（単位：億円）

経　常　収　支	106,523	貿易・サービス収支＋所得収支＋経常移転収支
貿易・サービス収支	32,120	貿易収支＋サービス収支
貿　易　収　支	85,270	輸出－輸入
輸　　　　出	465,835	居住者・非居住者間で財貨の所有権が移転した取引をFOB価格で計上
輸　　　　入	380,564	
サービス収支	△53,150	受取－支払
受　　　　取	78,341	輸送，旅行，その他サービス
支　　　　払	131,492	
所　得　収　支	84,007	受取－支払
受　　　　取	125,144	雇用者報酬，投資収益，証券投資収益，その他投資収益など
支　　　　払	41,137	
経　常　移　転　収　支	△9,604	受取－支払
受　　　　取	7,472	実物資産あるいは金融資産等の無償取引を複式簿記形式で記帳するための見合い計上項目
支　　　　払	17,077	
資　本　収　支	△61,726	投資収支＋その他資本収支（評価増減は除外）
投　資　収　支	△58,264	負債＋資産：（資産増＝マイナス，負債増＝プラス）
資　　　　産	3,425	直接投資，証券投資，その他投資（貸付・借入，貿易信用，現預金等）
負　　　　債	△61,689	
その他資本収支	△3,462	受取－支払＝資本移転収支
受　　　　取	1,208	資本移転の受払及び非生産非金融資産（特許・著作・商標・販売権等）の取得・処分
支　　　　払	4,670	
外　貨　準　備　増　減	△40,321	当局の貨幣用金，外貨資産(現預金,債券),SDR
誤　差　脱　漏	△4,476	複式簿記形式での記帳による調整的残高項目

1. 国際収支表の記帳原則は何か

[国際収支表の記帳原則]
(1) 期間：1カ月間，4半期間，1年間などの一定期間
(2) 対象：1国の居住権を持つ経済主体と持たない経済主体間の取引
(3) 符号：資金の受取(流入)をプラス，支払(流出)をマイナス
(4) 計上：複式簿記(二重記帳)

(1) 国際収支(Balance of Payments)表は1国において一定期間に行われたすべての対外取引を集計し，記帳する経済統計表であり，財務省によって公表されている。公表されている期間は月，4半期，年度，暦年ベースの4通りである。

(2) 日本の国際収支表は，日本の**居住権**を持つ経済主体(個人，企業，政府等)と日本の居住権を持たない経済主体の間のすべての取引を表記する。従って日本の居住権を持つ経済主体間の取引は，それが国際取引的な性格を持つものであるとしても一切記帳されない。例えば日本の居住権を持たない外国人がJALを利用した場合は国際収支表に記帳されるが，日本の居住権を持つ人がJALを利用して海外旅行をした場合は記帳の対象とはならない。また，居住権と国籍は同一のものではなく，例えば日本に居住する中国人留学生は日本の居住権を持ってはいるが国籍は日本ではない。

(3) 収支計算において資金の受取(流入)はプラス，支払(流出)はマイナスで計上される。すなわち輸出や外国投資の受け入れはプラス，輸入や海外に対する投資はマイナスで記帳される。従って，日本の企業や金融機関が外国の企業や金融機関に資本を提供すると，その行為は日本の収支の赤字化に貢献する。

(4) 計上の方法は複式簿記(二重記帳)の方式に概念上従う。従って1つの国際取引金額が事後的に必ず2カ所に記帳されることになる。しかし会計学の簿記とは異なり，二重記帳されるデータソースは多くの場合，同一ではない。それゆえ，貸方の総額と借方の総額が一致する保証はない。この原則と統計上の

矛盾は**誤差脱漏**という勘定項目を計上することによって処理されている。

2. 国際取引はどのように分類されるか

日本の国際収支表は平成8年1月に大幅に改訂された。

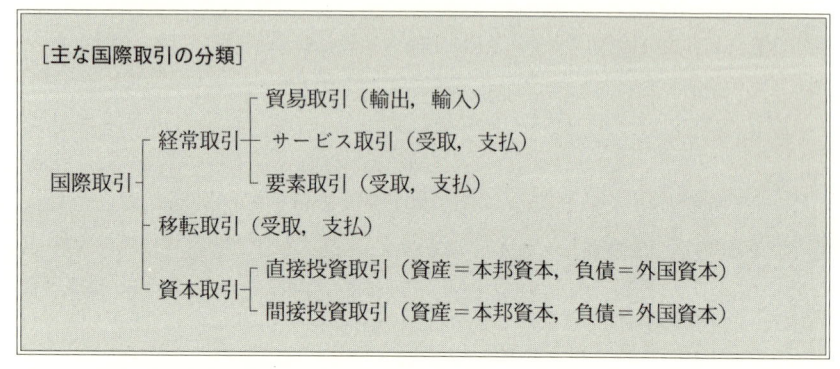

```
［主な国際取引の分類］
                  ┌ 貿易取引（輸出，輸入）
         ┌ 経常取引 ─ サービス取引（受取，支払）
         │        └ 要素取引（受取，支払）
国際取引 ─ 移転取引（受取，支払）
         │        ┌ 直接投資取引（資産＝本邦資本，負債＝外国資本）
         └ 資本取引 ┤
                  └ 間接投資取引（資産＝本邦資本，負債＝外国資本）
```

すべての対外経済取引は，大きく以下の3つに分類される。

① 経常取引（財貨・サービス・要素の取引）

② 移転取引（反対給付を伴わない取引）

③ 資本取引（対外資産・負債の増減に関する取引）

このうち，資本取引は金融資産の貸借や，移転取引の資本移転取引等を通じ，輸出入などの，経常取引をファイナンスする結果として発生する取引である。

経常取引は，財貨の貿易取引，サービス等の貿易外取引，生産要素の取引に三分される。

移転取引は，経常的な取引と，資本的な取引に二分される。

また主な，資本取引は，海外経済活動を伴う**直接投資**取引と資金提供のみの**間接投資**取引に二分され，本邦資本は**資産**，外国資本は**負債**として計上される。

貿易取引は，原則として居住者と非居住者の間で財貨の所有権が移転した取引を**FOB価格**（Free on Board＝本船引渡価格：船上で引渡した時の価格）で計上し，一般商品，加工用財貨（加工のために輸出入された財貨），修理費（船，航空機などの動産の修理費），港湾調達財貨（船，航空機等の輸送手段が調達した燃料，食料等），非貨幣用金等の取引が対象となる。

サービス取引には輸送（旅客・財貨運搬，乗員を含む輸送手段チャーター），旅行（旅行者の外国での財貨・サービスの購入），通信，建設，保険，金融，情報，特許権使用料，その他営利業務，文化・興行，公的サービスなどが含まれる。

生産要素取引には雇用者報酬（非居住者である労働者の報酬），投資所得（対外金融資産・負債に係わる利子・配当金など）が含まれる。投資所得には，
(1) 直接投資収益（出資所得［配当金・配分済支店収益，再投資収益］，利子所得）
(2) 証券投資収益（配当金，債券利子等［中長期債，金融市場・金融派生商品］）
(3) その他投資収益（延払利子，貸付・借入利子，預金利子）が含まれる。

経常的な移転取引は相手国の経常支出となる実物資産（財貨・サービス），あるいは金融資産などの無償取引（経済的価値の一方的な受払）を国際収支表に複式簿記形式で記帳するための**見合い計上取引**である。例えば食糧援助は輸出と経常移転の支払に同額計上される。

資本取引は，投資取引と，移転取引の2つの取引に分類され，実際の取引を反映しない評価増減（為替相場や価格変動を反映した資産評価増減で，所有権移転を伴わないもの）は除外される。

投資取引は大きく3つに分けられる。

（ⅰ）直接投資（経営に対する長期的な権益を有することを目的とした株式取得・資金貸借などのすべての企業間取引）

（ⅱ）証券投資（直接投資及び外貨準備に含まれる取引を除く：(1) 持分権証券［株式］, (2) 負債性証券［債券］：中長期債［発行時の満期が1年超の債券］，短期債［発行時の満期が1年以下の債券及びCD・CP等短期の金融市場商品］，金融派生商品）

（ⅲ）その他投資（貸付・借入，貿易信用，現預金，その他）

移転取引には，資本移転の受払および非生産非金融資産の取得・処分に係わるすべての取引を計上する。大きく二分すると，以下のようになる。

（ⅰ）資本移転（相手国の資本形成に貢献する対価の受領を伴わない移転：

(1)固定資産の所有権の移転,(2)債権者による債務免除,(3)固定資産の取得・処分に付随する資金の移動)

(ⅱ)その他資産(非生産非金融資産の取得・処分:(1)財貨・サービスの生産に用いられる無形非生産物資産(特許権,著作権,商標権,販売権等およびリースや譲渡可能な契約),(2)大使館・国際機関による土地取引)

3. 国際収支にはどのようなものがあるか

[国際収支表のさまざまな収支]
① 経常収支＝② 貿易・サービス収支＋③ 所得収支＋④ 経常移転収支
② 貿易・サービス収支＝⑤ 貿易収支＋⑥ サービス収支
③ 所得収支＝受取－支払
④ 経常移転収支＝受取－支払
　⑤ 貿易収支＝輸出－輸入
　⑥ サービス収支＝受取－支払
⑦ 資本収支＝⑧ 投資収支＋⑨ その他資本収支
⑧ 投資収支＝資産＋負債
⑨ その他資本収支＝受取－支払
① 経常収支＋⑦ 資本収支＋外貨準備増減＋誤差脱漏＝0

　国際収支表には,国際収支という収支は存在しない。公表されているのは,経常収支,貿易・サービス収支,貿易収支,サービス収支,所得収支,経常移転収支,資本収支,投資収支,その他資本収支であり,これらを総称して国際収支という。これらの収支は複式簿記の原理に基づいて集計されるため,貸記項目の合計と借記項目の合計は原理的に一致するはずだが,対応する取引ではあっても貸記項目と借記項目が異なる統計資料に基づくことなどから実際には一致しない。この不一致が誤差脱漏という調整項目に事後的に計上され,その結果として,すべての収支項目の合計は必ずゼロとなる。従って,「日本の国際収支は,黒字である」という文言は意味をなさない。

①経常収支は，⑤貿易収支，⑥サービス収支，③所得収支，④経常移転収支の4つの収支からなる。

⑦資本収支は，⑧投資収支と，⑨その他資本収支の2つの収支の合計からなり，資産（支払）は資金の流出を意味するのでマイナス，負債（受取）は資金の流入を意味するのでプラスで計上される。

第2節　国際収支の不均衡とは何か

一般的に国際収支の不均衡という場合，国際収支という収支そのものは存在しないので，貿易収支，貿易・サービス収支あるいは経常収支のいずれかの不均衡を指すことが多い。これらの収支の**黒字**（surplus）あるいは**赤字**（deficit）を**不均衡**（imbalance），黒字の増加及び赤字の減少を**改善**（improvement），黒字の減少及び赤字の増加を**悪化**（deterioration）という。従って，黒字・赤字は**フロー**（flow）概念であり，改善・悪化はフローの変化を示す概念である。

1．貿易収支で何がわかるか

貿易収支は，外国に対する財貨の販売（＝輸出）と外国からの財貨の購入（＝輸入）との差額である。すなわち，

　　貿易収支＝輸出－輸入

で表される。日本の輸出は外国から見れば，日本からの財貨の購入（＝輸入）であり，日本の輸入は，日本に対する財貨の販売（＝輸出）である。すなわち，

　　自国の輸出＝外国の輸入；自国の輸入＝外国の輸出

従って貿易収支が黒字であることは，外国の自国からの財貨の購入額が外国の自国への財貨の販売額よりも多いことを意味している。輸出される財貨の中には外国でも生産されているものもあり，逆に，輸入される財貨の中には国内で生産されているものもある。そのような財貨は，国内企業と外国企業の販売競争の結果，貿易されるので，輸出される財貨は世界的に競争力があり，逆に輸入される財貨は世界的に競争力がないと考えることもできる。

従って貿易収支が黒字であることは，ある意味でその国の財貨生産の競争力

が外国と比較して高いことを示している。また，財貨の総需給に関する，

　　　財貨の国内生産＋輸入＝財貨の国内支出＋輸出

という関係から，以下の関係が導かれる。

　　　貿易収支＝輸出－輸入＝財貨の（国内生産－国内支出）

ゆえに貿易収支の黒字は国内生産が国内支出よりも大きいことを意味している。

2．貿易・サービス収支で何がわかるか

　財貨が目に見える（visible）生産物であるのに対し，サービスは目に見えない（invisible）生産物である。ここで言う生産とは国民所得概念における生産概念であり，国民所得を形成する経済活動をさす。

　サービス収支はサービスの輸出（受取）とサービスの輸入（支払）の差額である。すなわち，

　　　サービス収支＝受取－支払

である。貿易・サービス収支はこのサービス収支と貿易収支の合計で，

　　　貿易・サービス収支＝貿易収支＋サービス収支

で表される。従って貿易・サービス収支は，外国に対する財貨・サービスの販売と外国からの財貨・サービスの購入との差額である。

　そこで，貿易・サービス収支が黒字であることは，外国の自国からの財貨・サービスの購入額が外国の自国への財貨・サービスの販売額よりも多いことを意味している。外国に販売される財貨・サービスの中には外国でも生産されているものもあり，逆に，外国から購入される財貨・サービスの中には国内で生産されているものもある。そのような財貨・サービスは，国内企業と外国企業の販売競争の結果，国際取引されるので，外国に販売される財貨・サービスは世界的に競争力があり，逆に外国から購入される財貨・サービスは世界的に競争力がないと考えることもできる。

　従って貿易・サービス収支が黒字であることは，ある意味でその国の財貨・サービス生産の競争力が外国と比較して高いことを示している。また，財貨・サービスの総需給に関する，

財貨・サービスの国内生産＋外国からの財貨・サービスの購入
　＝財貨・サービスの国内支出＋外国への財貨・サービスの販売
という関係から，以下の関係が導かれる。
　貿易・サービス収支＝財貨・サービスの（国内生産－国内支出）
ゆえに貿易・サービス収支の黒字は，国内における財貨・サービスの生産が支出よりも大きいことを意味している。

3．所得収支で何がわかるか

　所得収支は，国内居住者が所有する労働・資本などの生産要素が，海外から得る報酬(受取)と国外居住者が所有する労働・資本などの生産要素が自国から得る報酬(支払)の差額である。すなわち，

　　所得収支＝受取－支払

で表される。貿易・サービス収支は，内外の生産要素が財貨・サービスの生産を通じてその報酬を間接的に受け払いするのに対して，所得収支は内外の生産要素が国境を越えて異なる国の生産活動に参加し，直接その報酬を受け払いした差額である。

　生産活動において国境は依然として重要な意味を持つため，国外の生産活動に生産要素が国境を越えて参加する金額は財貨・サービス取引よりも大きくはないが，歴史的な趨勢としては，交通・通信手段の驚異的な発達により，その金額は次第に大きくなってきている。特に資本は労働と異なり，言語・文化・移動の障壁がないため，その報酬の受け払いの金額は拡大する傾向にある。

4．経常移転収支で何がわかるか

　経常移転は一方の国にとっては経常取引となるような反対給付のない受払を複式簿記方式，すなわち1つの取引を貸方と借方に同一金額で計上するための見合い項目である。その収支は，

　　経常移転収支＝受取－支払

で表される。例えば食糧無償援助の場合，財貨としての食糧が経常取引として輸出され，相手国からその代金を受取ることはないが，国際収支表においては

同一の金額が経常移転収支の支払項目と貿易収支の輸出に計上される。

逆に財貨の無償援助を受けた場合は，経常移転収支の受取項目と貿易収支の輸入に同一金額が計上される。日本の場合，20世紀末以降，世界一の援助国であるため経常移転収支は一貫して支払超過，すなわち赤字である。逆に発展途上国は受取超過，すなわち黒字である。

5．経常収支で何がわかるか
経常収支＝貿易・サービス収支＋所得収支＋経常移転収支

経常収支を構成する収支は，基本的にいずれも実物的な国民経済活動の結果として生ずるものである。従って経常収支の黒字は，経常的な経済取引において，外国からの受取が外国への支払よりも大きいことを意味する。このことは更に，自国と外国とでは使用する通貨が異なることから，外国通貨の受取超過を意味する。しかし，外国通貨は自国内では流通しないので，外国通貨を受取った自国の経済主体は国外で外国通貨を運用することになる。従って経常収支の黒字は，同額の資本収支の赤字を意味する。

資本取引と比較すると一般的に経常取引には継続性があり，超長期的にはともかく，短期的には石油価格の暴騰等のような国際経済上の大事件がない限り，激変することはあまりない。特に貿易・サービス取引は一国の商取引と密接に結びついているため，近年においては1年おきに黒字と赤字を繰り返すというようなことはあまりない。例えば貿易取引の場合，ある商品が輸出入されているとすれば，その商品が貿易当事国の国内経済の商取引に組込まれていることを意味する。ある原材料を輸入しているとすれば，その原材料を元にした産業構造が成立しているわけであるから，その原材料を代替するような素材の発明がなければ，その原材料の輸入金額が短期的に激変することは考えられない。またある完成品が輸入されているとすれば，その商品を販売する流通ルートがその国に存在し，また購入者も存在することを意味するから輸入業者にとって顧客サービスのための品揃えという観点から，短期的にその商品の輸入金額が激変することも考えにくい。かりに為替レートの変動等により国内通貨表示の

輸入価格が変化して輸入商品を国産品と代替する場合でも，その商品を供給していなかった国内企業に代替需要に応えるだけの生産設備や従業員がなければ，やはり短期的に代替することは困難である。特に貿易されている商品が特許等に係わる技術集約的なものであれば，国産品と代替することは不可能である。

　一般的に，ジャーナリスティックに国際収支の黒字と言う場合，経常収支の黒字を暗に指していることが多い。

6．投資収支で何がわかるか

　　投資収支＝資産＋負債

　投資収支は国際収支統計では資産（外国への投資＝対外債権の増加＝資金の流出：マイナスで計上）と負債（外国からの投資＝対外債務の増加＝資金の流入：プラスで計上）の合計で示される。

　投資は，さらにその性格から，直接投資と間接（証券）投資に二分される。

　　投資＝直接投資＋間接投資

　直接投資は投資先国での経済活動を伴う投資であり，間接投資は経済活動を伴わない証券投資である。従って直接投資の報酬は現地法人企業活動による営業利益であり，間接投資の報酬は証券の利回りである。直接投資は国内の経営資源を国外で活用するという積極的な意味を持つ投資であるが，間接投資は対外経常取引によって生じた外国通貨の受取超過の運用という受動的な意味を持つ投資である。

　株式投資の場合は，海外法人の経営権の取得が目的であれば直接投資であり，配当の取得や値上がり期待が目的であれば間接投資であるが，統計上は分類が困難である。そこで，便宜的に発行済み株式総数の10％以上の取得であれば直接投資，10％未満であれば間接投資としている。

　投資収支が赤字であれば，対外純債権残高が増加（資金の流出）したことを意味する。すなわち，

　　　対外純債権残高＝対外債権残高－対外債務残高

という関係から，

対外純債権残高の増加＝対外債権残高の増減－対外債務残高の増減
＝投資収支の赤字

という関係がある。海外への貸付(対外債権)残高が海外からの借入(対外債務)残高を上回れば，ネットで海外へ貸付けていることを意味するため，投資収支の黒字はネットでの海外への貸付(対外純債権)残高が増加したことを意味する。海外への貸付の原資は経常収支の黒字を意味するので，経常収支が黒字であれば，その金額とほぼ同額が投資集の赤字(対外純債権残高の増加)となる。

7. その他資本収支で何がわかるか

その他資本収支＝受取－支払

その他資本収支には，原則として，対価の受領を伴わない非営利の資本取引(資本移転とその他資産)が計上される。国際政治活動に伴う資本取引が活発であれば，資本援助や債務免除が増加し，その他資本収支は赤字となる傾向がある。

8. 外貨準備増減で何がわかるか

外貨準備は，一般的に通貨当局（財務省と日本銀行）が外国為替相場安定のために市場に介入する目的で保有する外国通貨をさす。外貨準備増減は外貨準備残高の変化を意味し，外貨準備残高が増加すれば外貨準備増（マイナスで計上），減少すれば外貨準備減（プラスで計上）となる。

外国為替市場の取引規模の拡大に伴い，相場安定のために必要となる介入資金の規模も拡大しているため，長期的には外貨準備残高は増加する傾向にある。すなわち，外貨の買入れ＝自国通貨の流出，から外貨準備増減は，外貨準備増＝マイナス，となることが多い。

一般的に，外貨の買入れ＝自国通貨の売却，は外貨の価値を引き上げ，自国通貨の価値を引き下げる傾向にある。自国通貨の価値の引き下げ（外貨の価値の引き上げ）は，外国に対して自国の財貨・サービスを安価にするので，自国の輸出産業（外国の輸入産業）にとっては望ましいことであるが，自国に対しては外国の財貨・サービスを高価にするので，自国の輸入産業（外国の輸出産

業)にとっては望ましいことではない。

　従って,通貨当局が外国為替市場における自国通貨価値引き上げの動きに対して政策的に緩和させるための市場介入政策をとり,そのときの為替相場を維持しようとすると,自国通貨の売却＝外貨の買入れ,という行動を外国為替市場においてとることになるので,国際収支上は,外貨準備増(マイナスで計上)となる。

第3節　国際収支と国内経済はどのような関係にあるか

1. 貯蓄投資差額とは何か

　国民所得統計において,生産が目的ではなく,購入される財貨・サービスを消費という。個人(消費者)が購入する財貨・サービスは基本的に消費であるが,住宅だけは消費に含めないで住宅投資とする。一方,個人の所得から個人税を控除した可処分所得のうち,消費に当てられなかった金額を貯蓄と定義する。

　　個人所得＝個人税＋個人可処分所得

　　個人可処分所得＝個人消費＋個人貯蓄

すなわち国民所得統計においては,個人可処分所得のうち消費されなかった金額を貯蓄という。従って,貯蓄の中には住宅購入に当てられた金額も含まれることになる。このように定義された個人の貯蓄と住宅投資の差額を個人の貯蓄投資差額という。すなわち,

　　個人の貯蓄投資差額＝個人貯蓄－住宅投資

同様に,企業についても貯蓄投資差額が求められるが,企業活動においては国民所得統計概念上,消費は存在しない点が個人とは異なる。

　　法人所得＝法人税＋法人貯蓄

従って,企業は税引き後の所得(法人貯蓄)を原資に設備投資を行うことになる。すなわち,

　　企業の貯蓄投資差額＝法人貯蓄－設備投資

　最後に,政府は営利活動を行っていないので,個人や企業と異なり,国民所

得統計上の所得概念がない。政府は税収を原資に政府消費と公共投資を行うが，税収のうち，政府消費を控除した金額を政府貯蓄と定義する。すなわち，

　　個人税＋法人税＝政府消費＋政府貯蓄

従って，政府の貯蓄投資差額は以下のように示される。

　　政府の貯蓄投資差額＝政府貯蓄－公共投資

事後的に均衡予算が実現すれば，政府の貯蓄投資差額はゼロとなる。

2．貯蓄投資差額と経常収支はどのような関係にあるか

貯蓄超過と経常収支の関係を示すために，国内における貯蓄超過が経常収支に等しくなることを示す。

まず国民所得をY，個人消費をC_p，個人（住宅）投資をI_p，企業（設備）投資をI_c，政府消費をC_g，政府（公共）投資をI_g，輸出等をX，輸入等をMとすると，国民所得統計の定義から，

　(1)　$Y = C_p + C_g + I_p + I_g + I_c + X - M$

という関係がある。一方，国民所得の分配面において，定義上，

　(2)　$Y = Y_p + S_c + Y_g$

　　　　Y_p＝個人可処分所得＝個人所得－個人税
　　　　S_c＝法人貯蓄＝法人所得－配当－法人税
　　　　Y_g＝政府税収＝個人税＋法人税

という関係があり，個人可処分所得の処分については個人貯蓄をS_pとすれば，

　　$Y_p = C_p + S_p$

と定義される。また，政府税収についても，政府貯蓄をS_pとすれば，

　　$Y_p = C_g + S_g$

と定義される。これらを国民所得の分配面(2)に代入すると，

　　$Y = C_p + C_g + S_p + S_c + S_g$

となる。そこで，この関係を最初の式(1)に代入すると，

　　$C_p + C_g + S_p + S_c + S_g = C_p + C_g + I_p + I_g + I_c + X - M$

となる。上式において，個人と政府の消費C_p，C_gを消去し，整理すると，

(3)　$(S_c - I_c) + (S_p - I_p) + (S_g - I_g) = (X - M)$

となる。ただし，上式において，

　　$(S_c - I_c)$＝法人の貯蓄投資差額

　　$(S_p - I_p)$＝個人の貯蓄投資差額

　　$(S_g - I_g)$＝政府の貯蓄投資差額

　　$(X - M)$＝経常収支

である。あるいは，

国内の貯蓄投資差額＝経常収支

という事後的な恒等関係が導かれる。

　ここで重要なことは，この式(3)が国民所得統計(1)や所得処分(2)の定義のみによって導かれているため，恒等式であるということである。すなわち，上の左辺の国内部門全体の貯蓄投資差額が決まれば，右辺の経常収支の大きさは，自動的にその大きさに必ず等しくなる。

　問題は貯蓄投資差額と経常収支のどちらの大きさが因果関係において先に決まるか，あるいは，どちらに決定権があるかということである。かりに，経常収支が先に決まり，その大きさに従って国内の貯蓄投資差額が決まるのであれば，経常収支の黒字を削減するという経済政策は有効である。しかしながら経常収支をある大きさに決めることを目的に経済活動を行っている経済主体（個人，企業，政府）は存在しない。

　法人企業は利潤極大化を目指し，その結果として得られた法人貯蓄S_pをもとにして，長期の利潤極大化のために，設備投資I_cを決定する。

　個人は効用極大化を目指し，個人所得Y_pをもとにして現在の消費C_pと将来の消費のための貯蓄S_pを決め，一方で住宅投資I_pを行う。

　また政府は国民の支持率が50％を超えることを目標に税収Y_g，公共投資I_g，政府消費C_gを決定し，その結果として政府の貯蓄投資差額$(S_g - I_g)$が決まる。財政法の単年度会計の制約があるので，政府は赤字国債の発行を当初予算に盛り込むことはできず，原則として，あるいは建て前として貯蓄投資差額

をゼロとしなければならない。しかし，予算上は貯蓄投資差額をゼロとしても，現実の経済運営の上で，会計年度の終わりに，決算上は事後的にゼロとなる保証はない。

従って，すべての経済主体（企業，個人，政府）は，それぞれの経済目標を目指して，結果として貯蓄投資差額を決めるように行動しているわけで，経常収支の大きさを決めることを目的として行動している経済主体は存在しない。経常収支は，あくまでも各経済主体の自由な経済活動の結果として決まるものである。ゆえに，自由主義経済における貯蓄投資差額と経常収支の恒等関係においては，貯蓄投資差額の決定が「主」で，経常収支の決定は「従」ということになる。

3. 経常収支黒字の削減は経済政策として成立するか

かりに，経常収支黒字の削減そのものを目標として，対外経済政策をとると何が起こるか考えてみよう。

例えば手っとり早い政策として，輸出総額の制限を行ったとする。輸出産業は短期的に販路を失うから，短期的には経常収支は輸出制限分だけ減少する。しかし，そこで失われた雇用（または雇用者所得）は時間の経過とともにいずれ他の産業に吸収され，国民所得水準は元に戻る。その国民所得をもとにして，個人は貯蓄投資差額を決めるわけだから個人部門の貯蓄投資差額も元の水準に戻る。その結果，国内全体の貯蓄投資差額も元の水準に戻るから経常収支も元の水準に戻る。つまり，輸出を一定の水準に制限すれば，国内産業が輸出削減分だけ拡大し，輸出を削減した分だけ，輸入が削減されるため経常収支は不変となる。自由主義経済である以上，個々の経済主体の自由な経済活動を制限することはできないから，自由な経済活動の結果，個人部門の貯蓄投資差額が，常に一定の余剰水準にある以上，それに対応して，経常収支も黒字にならざるを得ない。そうであるならば，経常収支の黒字を削減するためには，経常収支の黒字の削減そのものを目標とするのではなく，個人や企業の自由な経済活動の結果として，個人の貯蓄投資差額が，一定の余剰水準以下となるような政策

(具体的にはすべての農地・遊休地の宅地並課税やそれと並行しての上下水道・交通機関の整備，および行政機関の過疎地等への移転，交通網の整備，都市における住宅建築規制などといった内需拡大を阻害している様々な規制の緩和）の提示を目標とすべきである。

　すなわち現行の経済システムの下では，経常収支の黒字は削減されないので，経済システムそのものを変化させることによって，個人の貯蓄投資差額の削減を図る以外に方法はない。ただし，このとき注意すべきことは，経済効率を損なうことのないような方策を検討すべきであるということである。

　個別商品ごとの貿易収支に注目し，その均衡をはかるといった政策は第3章で指摘されるように国際貿易による国際分業の利益を損なうことになり，すべての国民にとって不利益となる。

第2章

外国為替相場とは何か

　国際取引を行う場合，国によって通貨の異なることが，最大の問題となる。例えば，アメリカのスーパーマーケットで商品を買うとき，円では通常購入できない。外国でものを買うときには，とりあえず自国通貨で，外国通貨を購入することが必要になる。逆は逆で，外国人が日本のモノを買う場合には彼らの通貨を円と交換しなければならない。このように相互に相手国のモノを需要し，相手国にモノを供給するとき，各国の通貨を交換(売買)する市場が成立する。この市場を外国為替市場といい，そこで成立する取引条件を為替相場という。

第1節　外国為替とは何か

　そこでまず，外国為替について説明しよう。外国為替とは正確には外国為替手形という。従って外国通貨(現金)そのものではない。外国との取引において通貨そのものではなく，手形が用いられる理由は，現金で取り引きするよりも安全で便利だからである。このことは，国内取引(内国為替)においても同様である。海外旅行者のように金額的に少額であるならば現金の方がむしろ便利であるかも知れないが，国際貿易取引や国際資本取引等のように，億ドル・億円単位の取引においては，現金の輸送コストや安全性を考えてみれば，一枚の紙で済む手形の方がはるかに便利である。また，トラベラーズ・チェック＝ＴＣ(旅行者手形)は一種の外国為替と考えることもできる。

　通貨間の交換(外貨の売買)が，外国為替取引(外為取引)と呼ばれ，いわゆる外国為替は，①輸出入手形，②送金手形，③当座性預金，という形態をとる。①と②は国内取引における内国手形(例として郵便為替)のようなものであり，③は手形そのものではないが，国内取引において，例えば大学の授業料を自分の銀行預金口座から，大学指定の銀行預金口座に振り込むようなものである。

現時点では，大半の外国為替が口座振替の形態をとって市場取引されている。従って外国為替という名称は残ってはいるものの，20世紀後半の電子取引の普及により，為替手形そのものは外国為替市場では見ることはできない。

1. 外国為替市場とは何か

外国為替市場とは，このような外国為替手形の売買を行う市場のことである。この市場は魚市場や野菜市場のように，売手と買手が直接出会って取引を行う市場とは異なり，ブローカーを通じて直通電話で売買をするのが通常である。いわゆるテレフォン・マーケットで外国為替の売りと買いが出合うわけである。市場参加者は，その参加動機・目的によって以下のように分類される。

　① 為替ブローカー（短資会社）：仲介手数料の取得

　② 両替商（主に金融機関）：為替売買手数料の取得

　③ 最終需給者：(1) 輸出入企業：貿易代金の決済

　　　　　　　　(2) 個人：海外旅行・送金先の通貨の取得

　　　　　　　　(3) 海外投資企業：海外投資資金の取得

　　　　　　　　(4) 投機・機関投資家：為替差益・金利差の取得

　　　　　　　　(5) 通貨当局：外国為替相場の安定

また，外国為替市場は市場参加者によって以下のように大きく二分される。

　①(1) 為替ブローカー（財務省認可）を仲介業者とするテレフォン・マーケット

　　(2) 銀行間取引による銀行間（インターバンク）市場

　　(3) 金融機関・商社・輸出入企業による直接取引（DD）市場

　② 対顧客（相対）市場：両替商とその顧客（日本銀行・財務省，機関投資家，輸出入業者，個人等）からなる。

両替商は，顧客からの売買注文を受け，その注文を最低取引単位である100万ドル以上にまとめて，為替ブローカーや銀行間市場に注文を出すことになる。狭義の外国為替市場は，為替ブローカー経由の取引を指し，市場参加者は専用電話回線で結ばれている両替商に限定されている。さらに，外国為替市場は，その取引形態で以下のように分類される。

①直物市場（翌々営業日に決済する）
　②先物市場（翌々営業日以降に決済する）
　③スワップ市場（直物と先物を同時に同額売買する）
　④オプション市場（行使価格で売買する権利を取引する）

①**直物市場**で取引契約が成立すると，決済までの期間は2営業日である。例えば月曜日に成約があると翌々営業日は水曜日であるが，金曜日に成約があると，土日は営業日ではないので翌々営業日は火曜日となる。

②**先物市場**では成約から決済までの期間が2営業日を越える取引が行われる。決済がいつになるかは契約条件によって異なる。

③**スワップ市場**では，ある参加者が提示する直物買い・先物売りに対して，別の参加者が直物売り・先物買いで応じる取引が行われる。例えばある参加者がドルを直物で100円で買い，同時に先物で99円で売るという条件提示に対し，別の参加者がドルを直物で100円で売り，同時に先物で99円で買うというような直物売買と先物売買をワンセットにした取引が行われる。

④**オプション市場**では，取決めた日時に取決めた価格で取決めた金額の取引を実行するか・実行しないかという選択権が取引される。その選択権の売買価格を**オプション料（プレミアム）**，買うか・買わないかという選択権を**コール・オプション**，売るか・売らないかという選択権を**プット・オプション**，取決めた価格を**行使価格**という。

　例えばある参加者が1カ月後に1ドルを100円で買うというコール・オプションを2円で買った場合，この参加者は1カ月後に1ドルを100円で買う権利を持つが，この権利は必ずしも行使する必要はない。この権利を行使しなかった場合には，コール・オプションの購入代金＝2円は捨てることになる。一方，このコール・オプションを売った参加者は，1カ月後に1ドルを100円で売らなければならない義務を持つ。コール・オプションを買った参加者が権利を行使しなければ，売った参加者はコール・オプションの売却代金＝2円を得ることになる。

そこで，取決めた日時の直物相場が1ドル＝99円であったとしよう。このとき，コール・オプションを買った参加者は，オプションの権利を行使して，売った参加者から100円で1ドルを購入することもできるし，権利を行使しないで直物市場で99円で1ドルを購入することもできる。

かりに，権利を行使するとすれば，この参加者は1ドルを，

オプション料（2円）＋行使価格（100円）＝102円

で得たことになる。また，権利を行使しないとすれば，この参加者は1ドルを，

オプション料（2円）＋直物相場（99円）＝101円

で得ることになるので，権利は行使されないことになる。逆に，直物相場が，101円であれば，為替市場で1ドルを得ると，

オプション料（2円）＋直物相場（101円）＝103円

となるので，権利は行使されることになる。このとき，コール・オプションを売った参加者が直物市場でドルを調達しなければならないとすれば，

ドル調達費用（101円）＜ドル売却代金（オプション料2円＋行使価格100円）

となり，利益は1円となる。

また，ある参加者が1カ月後に1ドルを100円で売るというプット・オプションを2円で買った場合，この参加者は1カ月後に1ドルを100円で売る権利を持つが，この権利は必ずしも行使する必要はない。この権利を行使しなかった場合には，プット・オプションの購入代金＝2円は捨てることになる。一方，このプット・オプションを売った参加者は，1カ月後に1ドルを100円で買わなければならない義務を持つ。プット・オプションを買った参加者が，権利を行使しなければ，売った参加者はプット・オプションの売却代金＝2円を得ることになる。

そこで，取決めた日時の直物相場が1ドル＝99円であったとしよう。このとき，プット・オプションを買った参加者は，オプションの権利を行使して，売った参加者に100円で1ドルを売却することもできるし，権利を行使しないで，直物市場で99円で1ドルを売却することもできる。

かりに，権利を行使するとすれば，この参加者は1ドルを，

　　　行使価格（100円）－オプション料（2円）＝98円

で売ったことになる。また，権利を行使しないとすれば，この参加者は1ドルを，

　　　直物相場（99円）－オプション料（2円）＝97円

で売ったことになるので，権利は行使されることになる。このとき，プット・オプションを売った参加者が直物市場でドル売却しなければならないとすれば，

　　　ドル売却代金(99円)＞ドル購入費用（行使価格100円－オプション料2円）

となり，利益は1円となる。逆に，直物相場が101円であれば，プット・オプションを買った参加者が，為替市場で1ドルを売ると，

　　　直物相場（101円）－オプション料（2円）＝99円

となるので，権利は行使されないことになる。

2．外国為替需要とはどのようなものか

　外国為替の需要は何らかの理由で外国通貨による支払を必要としていることから発生する。例えばアメリカの小麦を日本の輸入業者が輸入する場合，輸入契約がドルによる支払いということになっていれば，この輸入業者は支払期日までに円でドルを入手しておかなければならない。あるいは，日本の金融機関がアメリカの財務省証券に投資をする場合，同じようにドルを必要とするため外国為替の需要が生ずる。このように，外国の商品を購入する場合や，外国の証券に投資を行う場合に外国為替に対する需要が発生すると考えるのが一般的である。

　ドル為替の需要には実需と投機がある。実需には経常取引と資本取引がある。経常取引のうち最も金額の大きいのは輸入にともなうドル為替の需要である。資本取引には，海外証券投資（間接投資）と海外事業活動をともなう直接投資がある。投機は，こうした取引を行うことが目的ではなく，ドルを安く購入し，あとで高く売ることによって差益を得ることを目的としている。

　これらの実需は計画あるいは契約した時点から実際にドルで支払う時点まで

が潜在的なドル為替の需要となる。ドル為替を需要する人々は，外国為替相場（取引条件）の状況からドル買いのタイミングをはかる。様々な人々が，独自の情報や判断に基づいて予想するその時々のドルの最安値とドル需要額の累計を値の高い順にグラフにとると，右下がりの図形（為替需要曲線）が描かれる。

その日の為替相場（ドル価格）が，かりに，1ドル＝￥100，であれば，その相場（レート）よりもドル高のレート（100円以上）を予想していた人々は，予想よりも安くドルが入手できるので，取引を成立させて，その時点の市場から消える。

100円よりもドル安のレート（100円以下）を予想していた人は，1ドル＝￥100，というレートは予想よりも高いので，取引を繰り延べる。

次の瞬間には新たに市場に参入して来る人々があり，それらの人々の予想は，それまでの予想とは異なり，またそれまで取引を行わなかった人々は予想を変えることもあるので，次の瞬間の為替需要曲線の形状はそれまでのものとは異なるのが一般的である。

3．外国為替供給とはどのようなものか

外国為替の供給は，何らかの理由で外国通貨を受け取ること，あるいは円を購入することから発生する。例えば日本の自動車をアメリカの輸入業者に輸出する場合，輸出契約がドルによる受取りということになっていれば，この輸出業者は受取ったドルをいずれ円に変えなければならない。あるいは，アメリカの金融機関が日本の株式に投資をする場合，同じように円貨を必要とするため外国為替の供給が生ずる。このように外国に商品を販売する場合や日本の証券に外国人が投資を行う場合に，外国為替の供給が発生すると考えるのが一般的である。

ドル為替の供給には実需と投機がある。実需には経常取引と資本取引がある。経常取引のうち最も金額の大きいのは輸出にともなうドル為替の供給である。資本取引には，対内証券投資（間接投資）と対内事業活動をともなう直接投資がある。投機はこうした取引を行うことが目的ではなく，円を安く購入し，あ

とで高く売ることによって差益を得ることを目的としている。

　これらの実需は計画あるいは契約した時点から実際にドルで受取る時点までが潜在的なドル為替の供給となる。ドル為替を供給する人々は，外国為替相場（取引条件）の状況からドル売りのタイミングをはかる。様々な人々が，独自の情報や判断に基づいて予想するその時々のドルの最高値とドル供給額の累計を値の低い順にグラフにとると，右上がりの図形（為替供給曲線）が描かれる。

　その日の為替相場（ドル価格）が，かりに，1ドル＝¥100，であれば，その相場（レート）よりもドル安のレート（100円以下）を予想していた人々は，予想よりも高くドルが売却できるので，取引を成立させて，その時点の市場から消える。

　100円よりもドル高のレート（100円以上）を予想していた人は，1ドル＝¥100，というレートは予想よりも安いので，取引を繰り延べる。

　次の瞬間には新たに市場に参入して来る人々があり，それらの人々の予想は，それまでの予想とは異なり，またそれまで取引を行わなかった人々は予想を変えることもあるので，次の瞬間の為替供給曲線の形状はそれまでのものとは異なるのが一般的である。

4．外国為替相場とは何か

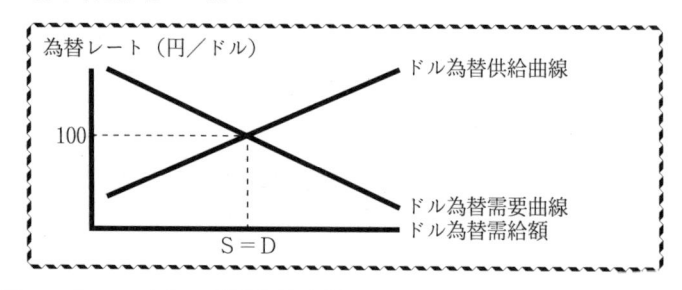

　上図にはある一時点の外国為替市場における右下がりのドル為替需要曲線と右上がりのドル為替供給曲線が描かれている。横軸にはドル為替需給額，縦軸にはドル為替と円の交換条件あるいはドルの円価格がとられている。この縦軸の目盛りを為替相場あるいは為替レートという。

為替相場は概念的に需給金額が一致する為替需給曲線の交点（図の100円／ドル）に決定される。

① 外国為替相場の表示方法

外国為替相場（レート）の表示法には2通りある。1つは**外国通貨建（外貨建）**，もう1つは**自国通貨建（邦貨建）**と言われるものである。日本は，邦貨建を採用している。この表示方法は，

　　1ドル＝100円；　　1ユーロ＝110円

というように，外国通貨1単位と交換される自国通貨を表示する方法である。この表示方法は，アメリカにとっては外貨建になる。つまり外貨建とは，自国通貨1単位（1ドル）が外国通貨（円）何単位と交換されるかを示すものである。かりに，日本が外貨建を採用すれば，1円＝0.01ドル，となる。ちなみに現在，外貨建てを採用している国はイギリスとアメリカだけで，それ以外の国は自国通貨建を採用している。

② 通貨価値の増価と減価

また円高，円安，ドル高，ドル安という用語は，通貨価値について用いられる。すなわち円の価値（1円と交換される外貨の額）が増価すれば円高と言う。

例えば，1ドル＝100円，が，1ドル＝80円，となれば，**円高＝ドル安**と言う。従って，円高＝ドル安のときには1ドルと交換される円は少なくなることに注意しよう。逆に，円安＝ドル高の場合は，円の価値が減価することを言う。

5．外国為替投機とはどのようなものか

その時々の為替レートはその時々の為替需要曲線と為替供給曲線の交点に決定する。為替市場参加者の為替レートの予想は1人ひとり異なり，その予想は時々刻々変化し，市場参加者の顔ぶれも，手持ち資金額も時々刻々変わるので，為替需給曲線の形状も時々刻々変化し，その結果として為替レートも時々刻々変化することになる。

その時々の為替レートの変動は為替投機によって増幅される。投機家は本来あるべき為替レートを常に予想している。例えばある投機家が，

$1=¥80$

が本来あるべき為替レートであると予想しているときに，為替市場で取り引きされているレートが，

$1=¥100$

であるとすれば，この投機家はドル売り円買い取引を行う。例えば，1億ドルを売ったとすれば，

1億ドル＝100億円

となる。ドル供給と円需要が増加した結果，その日のうちに為替レートが予想通りに，

$1=¥80$

になったとすれば，今度は逆にドル買い円売り取引を行う。そこで，

100億円＝1.25億ドル

となり，差し引き2,500万ドルの為替差益を1日で得ることになる。この取引の決済は翌々日に行われるので，この投機家は実際には，1億ドルの資金を用意する必要はなく，単に電話で売り買いの注文を伝えればいいだけである。このことが投機を容易にさせている要因である。

　投機家の自らの予想に対する確信が強ければ強いほど，為替レートは，その投機家の予想レートに近づく。しかし，

$1=¥100$

という相場のときのその投機家のドル売り円買い取引に対して，十分なドル買い円売りがあると，相場は，

$1=¥100$

というレートに張付いて，この投機家の確信が揺らぐこともある。つまり，

$1=¥100$

というレートが適正な相場であるという情報を，他の市場参加者が持っているのではないか，という不安にかられるわけである。しかし，この投機家があくまでも，ドル売り円買い取引を強気に進めて行けば，逆に，他の市場参加者が

不安にかられ，相場が円高方向に振れることもある。

　実需に基づく為替の需給者も，為替売買のタイミングをはかっているという点では投機家と同じである。ただし，投機家との違いは，いずれ実需を実現させるために，為替取引を行わなければならない点である。また，投機家もドル買いを行えば，いずれドル売りを行って，ドル売りを行えば，いずれドル買いを行って利食いをしなければならない。

　例えば1週間後にドルの支払が予定されている場合，現在の相場が1週間後の相場よりもドル安（円高）であると判断すれば，必要なドルは現在買うべきである。このように実需の決済時点よりも前倒しして外国通貨の手当てを行う場合を**リーズ**という。逆に，受け取ったドル代金を円貨に両替する必要のある場合，現在の相場が将来の相場よりもドル安（円高）であると判断すれば，取引は遅らせるべきである。このように，実需の決済時点から遅らせて，両替する場合を**ラッグス**という。このような実需に基づく為替売買のタイミングが決済時点からずれることを**リーズ・アンド・ラッグス**という。

　市場関係者同士はある程度相手のドルの売り持ちと買い持ちに関する情報を持ってはいるが，完全な情報ではないので，お互いに相手の出方を窺い，それぞれの思惑で為替取引を行う結果，人によってその判断がまちまちとなるような事件（戦争，政変，異常気象，大発見，政府高官の発言など）が起こると，為替相場は乱高下することになる。

　投機筋の代表である**ヘッジ・ファンド**の資金は，20世紀末におよそ1,200億ドルあったが，通貨オプション等の**デリバティブ**（**金融派生商品**）を投機に利用することにより，この金額が1兆5,000億ドルに膨れ上がった。現在，世界中の為替市場で1日に取引される金額の9割程度が投機目的と言われている。

第2節　外国為替相場制度とはどのようなものか

　外国為替相場（レート）を決める外国為替相場制度には大きく分けて2つある。1つは，**固定為替相場制度**（fixed exchange rate system）であり，日本

は1973年まで，この制度を採用していた。それ以降は，もう1つの**変動為替相場制度**（floating exchange rate system）へと移行して，現在に到っている。

　固定為替相場制度とは為替相場が変動しないように中央銀行が外国為替市場に適宜介入する制度を言う。わが国においては1949年から1973年2月までが固定為替相場制度であった。このうち1949年から1971年12月までの固定為替相場は，＄1＝¥360，であった。そしてドルの価値はアメリカが金1オンスと35ドルを交換することによって，固定されていたので，戦後の固定為替相場制度を**ドル為替本位制**とも言う。この期間の国際通貨制度と自由貿易体制はその構想が連合国によって第二次世界大戦末期の1944年にブレトン・ウッズにおいて規定されたので，その地名から**ブレトン・ウッズ体制**と呼ばれている。また，1971年12月から1973年2月までの固定為替相場は，＄1＝¥308，であった。この期間の国際通貨制度は，新しい固定相場の決定がスミソニアン博物館で行われたので，その地名から**スミソニアン体制**と呼ばれている。

　1960年代までの日本においては，戦後復興による内需拡大から，輸入需要が輸出供給を上回り，外国為替市場においては，常にドルに対する超過需要（ドル不足）が存在していた。固定相場を維持するためには後述するように中央銀行はドル売り円買い介入をしなければならないのであるが，外貨準備が恒常的に不足していたため外為法によって，為替管理を行っていた。その後，日本の輸出産業が成長し，1960年代後半から経常収支が黒字基調になると，逆に常にドルの超過供給（ドル過剰）が存在するようになった。固定為替相場を維持するためには中央銀行はドル買い円売り介入をしなければならないので，1960年代後半から外貨準備の増加と，それに伴うマネーサプライ（money supply）の増加が常態化した。

　ところで，ブレトン・ウッズ体制においては国際収支に不均衡がある場合には固定為替相場の変更が認められていた。これを当時，**調整可能な固定相場制度**（adjustable peg）と言っていた。この制度の下で戦後，貿易収支の恒常的な赤字に見舞われたイギリスは頻繁にポンドの切下げ（ポンド価値の減価）を

行った。通貨の切り下げが行われるとその通貨を資産として保有していた場合，資産価値が減少することを意味する。そこでポンド切り下げの噂がたつ度にポンドは激しい為替投機の対象となった。

その後，アメリカの貿易収支が恒常的に赤字になり，ドルの対世界供給額が，1オンス＝＄35で換算したアメリカの金保有額を大幅に超えるようになってから，ドルの切り下げの思惑が国際通貨市場に広がり，ドル売りの投機が激化した。固定相場制度を維持するために日本銀行はドル買い円売りで市場介入したが，フランスが巨額のドル資産をアメリカの金と交換するに及んで，ついに1971年12月にブレトン・ウッズ体制は崩壊した。その直後に，ドルを切り下げた新しい固定相場制度が発足したが，アメリカの貿易収支の赤字は改善することなく，スミソニアン体制も為替投機の嵐を鎮静化させることはできず，ついに，固定相場制度は崩壊し，発展途上国を除いた殆どの先進諸国が，1973年に変動相場制度へと移行した。

変動為替相場制度とは為替相場の動きを外国為替市場の需給に委ね，中央銀行が原則として介入しない制度を言う。従って，固定相場制度の場合のように，経常収支と資本収支の合計の不均衡が自動的に中央銀行の介入を意味するということは原則的にない。すなわち変動為替相場の制度としての特徴は，経常収支と資本収支の合計が自動的に均衡するという点にある。わが国においては1973年2月から変動為替相場制度になっている。

しかし，実際には変動為替相場制度のもとにおいても，中央銀行は為替相場の乱高下を緩和させるという理由と，そのための介入資金となる外貨準備高を長期的に増加させるという理由から外国為替相場に随時介入している。これを**ダーティー・フロート**（dirty float）と呼んでいる。例えば1985年9月にG5諸国の蔵相と中央銀行総裁がニューヨークのプラザホテルに集まり，会議後の記者会見で発表した**プラザ合意**に基づいて各国通貨当局が為替市場に介入し，ドル安円高誘導が行われ，その後の**円高不況**，それを克服するための超金融緩和政策から，さらには平成バブルへと発展し，そのバブルが弾けた後は平成大

不況に突入し、21世紀を迎えたことは記憶に新しいところである。

1. 変動為替相場制度とはどのようなものか

変動為替相場制度とは通貨当局が相場を意図的にコントロールすることなく、為替相場の決定を委ねる制度のことである。従って、需要と供給が変化すれば、為替相場は自動的に変化することになる。そこで外国為替の需給が為替相場とどのような関係があるかを見ることにしよう。まず外国為替の需要は主に貿易取引に基づくものと仮定し、資本取引に基づくものは無視しよう。すると、為替需要は自国の輸入に、供給は自国の輸出に基づくものとなる。

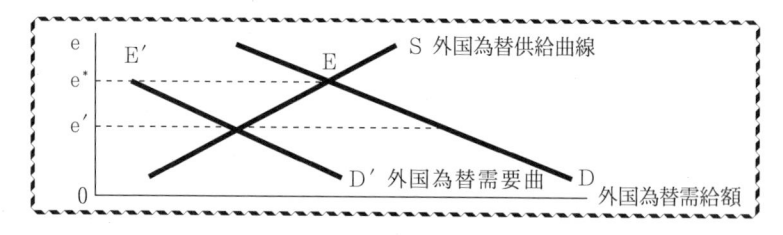

```
  e│     
 e*│ E'           E    S 外国為替供給曲線
 e'│
   │                   D' 外国為替需要曲線  D
  0│────────────────────── 外国為替需給額
```

需要曲線Dと供給曲線Sが図のように与えられ、当初の邦貨建為替レートがe^*にあるものとしよう。このとき外国為替需要曲線が何らかの理由（例えば内需の減少による輸入需要の低下）で左方のD′にシフトしたとしよう。するとe^*という為替レートではEE′の超過供給となる。即ち為替の買い手を見出せない売り手が出てくる。そこでこの売手（供給者）は為替の価格（即ち為替レート）を引下げて買手を探すことになる。為替レートが下落すると供給が減少し、需要が増大し、図においてはe'で再び需給が一致する。このように変動相場制度においては、その時々の需給状態において為替レートが需給を一致させるように変動する。為替需給の背後には貿易取引と資本取引があるが、これらは実需に基づくものであり、為替需給にはこの他に投機的目的に基づくものもある。例えば、100円／ドルのレートで1億ドルを100億円で購入し、120円／ドルのときに、この1億ドルを売却すれば、120億円を入手し、20億円の為替差益を得ることができる。この投機が成功すれば投機家は実需を伴うことなく利益をあげることができる。このような投機は実需とは関係がないから、瞬時に

実需を含んだ需給曲線をシフトさせ,為替レートを瞬時に変化させる。変動相場制度においては短期的に大幅に相場が変動することを除去できない。

2. 固定為替相場制度とはどのようなものか

これに対して,固定相場制度は通貨当局の為替相場への介入により,相場を変動させないようにする制度である。例えば,前出の図において,通貨当局が相場をe^*に固定させる政策をとるとき,需要曲線がD'の位置にあるとすれば,EE'に等しい超過供給が発生する。これを放置しておくと,為替相場はe'に下落するので,通貨当局は自国通貨でこれを買上げ,外貨準備を増加させる。

この逆に,為替レートをe'に固定しているときに需要曲線がDの位置にあれば超過需要が発生するため,通貨当局は外貨準備を取り崩し,自国通貨を回収しなければならない。従って,十分な外貨準備のないときに経常収支と資本収支の和の赤字が続けば,通貨当局はこの為替レートをe'に変更しなければならない。この政策を平価切下げと言う。逆に,自国通貨のレートを引上げる政策を平価切上げと言う。

ここで問題になるのは,この平価変更政策が成功するかどうかということである。例えば需要曲線がD'の場合に,e^*からe'に変更したときに,超過供給が解消されるかどうかが問題になる。これが解消されないのであれば,平価変更政策は失敗する。

同様のことは変動相場制度についても言える。例えば,当初の均衡点がDとSの交点にあった場合に,需要曲線がD'にシフトしたとき,為替レートはe^*からe'へ自動的に移行するであろうか。もし,移行しないようであるならば,変動相場制度は,国際収支の調整機能を持たないことになる。

1973年に主要先進諸国が変動相場制に移行した後,多くの開発途上国は対外経済取引の安定のために,自国と最も国際取引のある先進国の通貨に自国通貨価値を**リンク**(固定)する為替相場制度を採用した。中でも最も多くの開発途上国が固定の対象とした通貨は米ドルで,このように自国通貨価値をドルに固定する為替相場制度を**ドルリンク制**と言う。しかし米ドルは他の先進諸国の通

貨とは変動相場の関係にあるので，こうした開発途上国の通貨価値は米ドル以外の先進諸国の通貨（円やユーロ）に対しては，変動相場制度を採用していることになる。

第3節　外国為替相場と貿易はどのような関係にあるか

貿易収支が不均衡の状態において，為替相場は次のように変動すると考えられる。まず，日本の輸出は外国為替（ドル）の供給となり，日本の輸入は外国為替（ドル）の需要となる。従って，日本の貿易収支が黒字であることは，外国為替（ドル）の超過供給を意味する。

1．弾力性アプローチとは何か

国際収支の調整メカニズムを，貿易収支に注目し，価格変化に対して貿易量がどの程度変化するか，という値を示す**価格弾力性**を用いて分析する方法を，**弾力性アプローチ**と言う。いま輸出入財の生産地での価格が，

　　　　　　　日本の輸出財：150万円

　　　アメリカからの輸入財：1万ドル

であれば，為替相場が，1ドル＝150円，のとき販売地での価格は，

　　　日本の輸出財のアメリカでの価格：1万ドル

　　アメリカからの輸入財の日本での価格：150万円

となる。このとき，日本の貿易収支の黒字が，円高＝ドル安，をもたらして，為替相場が，1ドル＝100円，になったものとしよう。国内価格不変の下で貿易価格がこれに対応して変更されるとすれば，

　　　日本の輸出財のアメリカでの価格：1万5,000ドル

　　アメリカからの輸入財の日本での価格：100万円

従って，日本の輸出財のアメリカでの価格は上昇し，輸出量は減少すると考えられる。

一方，アメリカからの輸入財の価格は下落するため，輸入量は増加すると考えらる。このように為替相場の変化は一般的に貿易収支の不均衡を調整するも

のと思われる。そうであるとすれば，変動為替相場制度は制度それ自体が貿易収支の不均衡を自動的に調整し，貿易収支を均衡させる機能を持っているものであると言える。この自動調整機能を持つための条件を両国の輸入需要曲線の価格弾力性で表示したものに**マーシャル＝ラーナー条件**と呼ばれるものがある。この条件は，両国の輸入需要の価格弾力性の和が１より大であることである。この条件を導出してみよう。

① 外国為替に対する需要：輸入品の外国価格をP^*(外貨表示)，その輸入量をMとしよう。このとき外国為替に対する需要は，

$$D = MP^*$$

となる。P^*は不変と仮定して，これを邦貨建為替相場eで微分すると，

$$dD/de = P^* dM/de = -\eta D/e$$

となる。ただし，ηは輸入品に対する自国の輸入需要の価格弾力性で，輸入品の国内価格PはeP^*で示されるから，以下のように定義される。

$$\eta \equiv -(dM/M)/\{d(eP^*)/eP^*\} = -(dM/M)/(de/e)$$

② 外国為替の供給：輸出品の国内価格をP(邦貨表示)，輸出量をEとしよう。このとき外国為替の供給は，

$$S = PE/e$$

となる。Pを一定とし，eで微分すると，

$$dS/de = (P/e)(dE/de) - PE/e^2 = (\eta^* - 1)S/e$$

となる。ただしη^*は外国の輸入品に対する需要の価格弾力性で，自国の輸出品の外国における国内価格はP/eで示されるから，以下のように定義される。

$$\eta^* \equiv -(dE/E)/\{d(P/e)/(P/e)\} = (dE/E)/(de/e)$$

③ 条件：為替相場の変化により為替需給の不均衡が調整されるための条件，すなわち，**ワルラスの安定条件**は，

$$dD/de < dS/de$$

であるから，これに上で求めた値を代入すれば，

$$-\eta D/e < (\eta^* - 1)S/e$$

となり，為替需給の差額がそれほど大きくないとすれば，すなわち，

$$D=S$$

とすれば，以下のマーシャル＝ラーナー条件が得られる。

$$\eta + \eta^* > 1$$

この条件では輸出供給の価格弾力性を無限大，すなわち，PとP*を一定としていることに注意しよう。

2．Jカーブ効果とはどのようなものか

しかし，短期においては貿易量の調整が必ずしも十分に行われないとすれば，貿易量がまったく変化しないとした場合，ドル表示の輸入金額は不変となるが，輸出金額は1単位につき5,000ドル増加する。かくして日本の黒字は為替相場の変化によって，短期的には，逆に増加することになる。これを**Jカーブ効果**と言う。逆に貿易収支が赤字の場合に，自国通貨が安くなったときにも短期的には赤字幅が，かえって増加する現象がみられる。これもJカーブ効果と言う。特に，黒字幅が増大するケースは**逆Jカーブ効果**と言う。

① 円高と輸入額の変化

そこで，もう少し具体的に，なぜJカーブ効果が起こるのかを考えてみよう。まず円が10％上昇すると，ドル表示の輸入額がどれほど変化するかを考える。ドル表示の輸入額は（輸入数量M×輸入価格$\$P_m$）だから輸入額の変化は輸入数量の変化と輸入ドル価格の変化に依存する。円の10％の上昇は，輸入品の海外生産コストに直接の影響はないから，輸入ドル価格はとりあえず変わらない。それに対して，輸入品の円価格は，10％下落する。例えば1ドル110円のときの1万ドルの輸入車は，円価格では110万円となる。円高で，1ドルが100円になったとすると同じ輸入車は円価格で100万円になる。従って価格低下により，輸入需要量が増加するため，輸入量の増加分ΔMだけドル表示の輸入額は増加する。

$$\text{ドル表示の輸入額の増加} = \$P_m \times \Delta M$$

このことは，あきらかに日本のドル表示の貿易収支黒字の削減要因となる。

しかし、円高でもドル表示の輸入額はそれほど増加しないという理由がある。その理由は大きく分けて、(1) 日本の輸入構造に根ざすものと、(2) 日本の輸入主体が寡占企業であることに根ざすものの2つある。

(1) 日本の輸入構成はその50％程度が食料品や原燃料などの**1次産品**である。1次産品の需要の特徴は価格変化に対して、あまり敏感ではないことである。例えば円高によりガソリン価格が10％低下しても、それによってトラックやタクシーの輸送に使用されるガソリンの量が増加するということはない。そうであれば円が高くなっても輸入業者は輸入品の円価格を不変に保つことにより、**円高差益**をすべて吸収することが出来る。実際、輸入業者は円高になっても、円価格を不変に保っているため、輸入量は全く変化しないことになる。

(2) 輸入業者が多数存在すれば、たとえ全体としての輸入量が不変であるとしても、円高差益の一部還元により、ある輸入業者がシェアーを増大させることは可能である。しかし、そのような値下げによるシェアーの拡大は、他の輸入業者の追随を招く。価格競争の結果、円高差益はすべて利用者に還元され輸入業者の手元には円高差益は残らない。輸入品の市場が競争的であれば円価格が下落し、多少の輸入量の増加は見込めるが、輸入品の市場は基本的に**寡占市場**であるため、価格競争は起こらない。少数の輸入業者は価格競争を行うと円高差益が手元に残らないことを予測できるから、**暗黙の協定**（明示的な協定を行うと独禁法に触れる）により価格競争をしない。

輸入総額の残りの50％程度を占める完成品の場合は円価格の下落により輸入量が増加する可能性がある。しかし、完成品の輸入の場合は輸入総代理店契約が一般的であれば、その輸入品に関して独占的状況にあり、円高による円価格の下落は起こらない。独占的状況にあるとしても円価格を引き下げれば、需要の増加は期待できる。しかし円価格の引き下げは1個当たりの利益を減少させる。従って1個当たりの利益の減少以上に需要が増加しなければ、逆に利潤が減少することを意味する。そのような不確実性があるため、円価格は引下げないのが一般的である。バブル景気時に完成品（輸入車や高級品）の輸入額がか

なり増加したが，これは円高によるものではなく，所得増加（好景気）によるものだった。

② 円高と輸出額の変化

円が10％上昇するとドル表示の輸出額がどれほど変化するかを考えてみる。ドル表示の輸出額は（輸出数量X×輸出価格＄P_x）であるから，輸出額の変化は輸出数量の変化と輸出ドル価格の変化に依存する。円の10％上昇は，輸出品の国内生産コストに直接の影響はないから輸出円価格はとりあえず変わらない。それに対して，輸出品のドル価格は，適正利潤を含む国内生産コストのすべてを回収しようとすれば10％上昇する。例えば1ドル110円のときの110万円の国産車はドル価格では，1万ドルとなる。円高で1ドルが100円になり，国内生産コストの全額を回収するとすれば同じ国産車はドル価格で，1.1万ドルになる。従ってこの場合ドル価格上昇により外国における日本車の需要が減少し，輸出量が減少するため，減少した輸出量X'に上昇したドル価格P_x'を掛けた大きさにドル表示の輸出額は変化する。すなわち，

$$\text{ドル表示の輸出額の変化} = X' \times P_x' - X \times P_x$$

となる。ここで輸出量の減少を$\varDelta X$，輸出ドル価格の上昇を$\varDelta P_x$とすると，

$$X' = X + \varDelta X \quad (\varDelta X < 0)$$
$$P_x' = P_x + \varDelta P_x \quad (\varDelta P_x > 0)$$

という関係がある。この関係を上の式に代入すると，

$$\text{ドル表示の輸出額の変化} = (X + \varDelta X)(P_x + \varDelta P_x) - XP_x$$
$$= P_x \varDelta X + X \varDelta P_x + \varDelta X \varDelta P_x$$

となる。$\varDelta X \varDelta P_x$の額は小さいので無視すると，

$$\text{ドル表示の輸出額の変化} = P_x \varDelta X + X \varDelta P_x$$

となる。従って円高によりドル表示の輸出額が増加するか減少するかは，輸出の減少によるドルの受取の減少額（$P_x \varDelta X$）とドル価格の値上げによるドルの受取額の増加額（$X \varDelta P_x$）のいずれが大きいかに依存する。ところでドルの輸出額は円高によって，逆に増加するという理由がある。その理由は，大きく分

けて，(1)日本の輸出品の特性に根ざすものと，(2)輸出契約の**円建て取引**の存在に根ざすものの2つある。

(1)日本の輸出品はハイテク技術を駆使した**技術集約的**なものが殆どである。技術集約的なハイテク商品の輸出量は価格の変化に余り敏感でないという特性がある。その理由は代替品を生産している国や企業が限定されるためである。粗原材料（石炭や小麦）のように加工度の低い商品は，どの国の商品でも，どの企業の商品でも，それほど違いはない。従って為替相場の変化で価格差が生じれば，即座に貿易相手国が変化する。しかし加工度の高い**高付加価値商品**は完全な代替品がないため，多少価格が上昇しても需要量にあまり変化がないというのが一般的である。ゆえに日本の輸出量は，円高となっても，すぐには減少しない（$\varDelta X=0$）。

(2)輸出契約にはドル建てと円建てとがある。輸出契約を円建ての**延払信用**で結んだ後で円高になれば，受け取る円の金額に変化はないが，これをドル換算すると円高になった分だけ増加する。この効果は円高により商品のドル価格が上昇した（$\varDelta P_x > 0$）のと同じである。

③ 円高と貿易収支黒字の変化

以上より円高になると長期的にはともかく，短期的には輸入額不変のまま，輸出額が増加するため，貿易収支の黒字は増加することになる。しかし円高が長期化すれば，完成品輸入に関しては**平行輸入**が増加し，粗原材料輸入に関しては円高差益還元の圧力が高まるため，エネルギー価格が低下し，多少輸入が増加する。一方，輸出に関してはドル価格の引き上げが長期化すれば，外国の輸入業者は代替品を求めて，日本以外の国からの輸入に転換し，代替品のない商品でも，外国の消費者に日本商品のドル価格が上昇した情報が十分に伝達されるため，日本品に対する需要そのものが減少し，日本の輸出額が減少する。かくして，円高になると短期的には貿易収支の黒字は増加する。しかし長期的には輸入量が増加し，輸出量が減少するため貿易収支の黒字は減少する。縦軸に貿易収支，横軸に時間を取ると，貿易収支の変化は円高により，最初は黒字

が増加し、やがて黒字が減少するので、(逆) J 字形のグラフが描かれる。これを円高の貿易収支に対する (逆) J カーブ効果と言う。

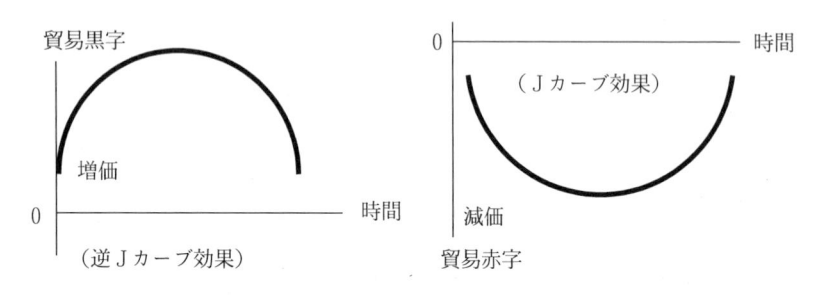

④ 円表示の貿易収支黒字の変化

ドル表示と円表示では若干 J カーブ効果が異なる。円高の場合、

　　円表示の輸入額＝ドル価格×輸入量（↑）×為替レート（↓）

　　円表示の輸出額＝円価格（↑）×輸出量（↓）

であるから、輸出入数量がすぐに変化しないとすれば輸入額は減少し、輸出額は増加する。但し、輸出額については、国際競争力維持の観点から、円高分を輸出円価格に転嫁しない場合があるので、円表示の輸出額は余り増加しないことがある。しかし、いずれにしても価格調整の方が、数量調整よりも早いので、円表示の貿易収支黒字についても J カーブ効果が起こると考えられる。

3. 購買力平価説とはどのようなものか

主な為替取引には大別すると資本取引と貿易取引とがある。資本取引は内外金利差に対応して、瞬時に行われるので、短期的な為替レートの決定に関して強い影響を与える。

これに対して、貿易取引は外国通貨の本来の目的である外国の財貨との交換を意味し、経常的に行われるので長期的な為替レートの決定に関して趨勢的な影響を与える。貿易取引を想定して為替相場の決定を論ずる考え方を、**購買力平価説**と言う。まず、具体例から考えてみよう。

1500ccクラスで性能が同一の日本車の国内価格が100万円、外国車の国外価

格が1万ドル，であるものとする。日本人も外国人も性能が同一であるため，価格以外には日本車と外国車の差別はしないものとする。

そこで，＄1＝¥125，のとき，日本車のドル価格は，

$$100万円 \div 125 ¥/\$ = 8,000 ドル$$

となる。一方，外国車の円価格は，

$$1万ドル \times 125 ¥/\$ = 125万円$$

となるため日本車が外国に輸出されることになる。その結果，輸出代金のドルが為替市場で売りに出され，ドル売り円買いが増加して為替相場は円高となる。逆に，＄1＝¥80，のときには，日本車のドル価格は，

$$100万円 \div 80 ¥/\$ = 12,500 ドル$$

となる。一方，外国車の円価格は，

$$1万ドル \times 80 ¥/\$ = 80万円$$

となり，外国車が日本に輸入されることになる。その結果，輸入代金の支払のために，ドル買い円売りが増加して，為替相場は円安となる。いずれの場合も，為替相場は，＄1＝¥100，となるまで変化し最終的にはその水準に決まる。現実には商品の種類は多数存在するので，日本の物価をP，外国の物価をP^*，為替相場をeとすれば，

$$e ¥/\$ = ¥P \div \$P^*$$

となるように為替相場は決まることになる。すなわち，

$$為替相場 = 国内物価 \div 国外物価$$

となる。外国為替相場が国内物価と国外物価の比に等しくなるように決まるという考え方を**絶対的購買力平価説**と言い，それによって決まる外国為替相場を**購買力平価**と言う。ところで，為替相場が変化した場合，

$$de = dP \div P^* - P dP^* \div P^{*2}$$

となるので，これを変化する前の式，

$$e = P \div P^*$$

で割ると，

$$de \div e = dP \div P - dP^* \div P^*$$

となる。従って,絶対的購買力平価を変化率の形に直すと,

為替相場変化率＝国内物価上昇率－国外物価上昇率

となる。為替相場変化率が,内外物価上昇率の差に等しくなるように決まるという考え方を**相対的購買力平価説**と言う。内外通貨取引の最終的な目的は貿易にあり,貿易取引は輸出入財生産をともなうので,長期的な為替相場は購買力平価説によって決まるものと考えられる。ここで以上の議論をまとめてみよう。購買力平価説では貿易収支に為替相場の決定因を求め,国際間での**一物一価**を仮定する。まず記号を次のように定義する。

p＝自国の物価

p^*＝外国の物価

e＝為替相場（邦貨建て）

このとき,

$$e = p \div p^*$$

となるように為替相場が決定されるという考え方を**絶対購買力平価説**と言う。いま,かりに,

$$p > ep^*$$

という関係があったとすれば,外国の生産物が絶対的に安いことを意味する。従って,外国製品に対する需要が増加し,自国の輸入が増加し,外貨に対する需要の増加を通じて為替相場が上昇（外貨価値の上昇）が起こる。逆に,

$$p < ep^*$$

という関係があったとすれば,自国の生産物が絶対的に安いことを意味する。従って,自国製品に対する需要が増加し,自国の輸出が増加し,自国通貨に対する需要の増加を通じて為替相場の下落（邦貨価値の上昇）が起こる。いずれの場合にも,

$$e = p \div p^*$$

になるというのが,絶対購買力平価説の考え方である。しかし実際には輸送費,

関税，貿易制限，非貿易財等があって，この式が正確に成立するという保証はない。そこで一物一価ではなく内外価格に一定の相対的な関係を仮定するのが**相対購買力平価説**で，例えば，内外価格に一定の比例関係 a を想定すると，

$$p = aep^*$$

となる。ある年（基準年次）の為替相場が正しくこの関係を満たしていたとしよう。

基準年次のそれぞれの物価指数： p_1，p_1^*，

比較年次のそれぞれの物価指数： p_2，p_2^*

とするとき，a を不変とすれば，購買力平価は次のように示される。

$$\text{購買力平価} = e(p_1^* \div p_1) \div (p_2^* \div p_2)$$
$$= e(p_1^* \div p_2^*) \div (p_1 \div p_2)$$
$$= e(p_2 \div p_1) \div (p_2^* \div p_1^*)$$

あるいは，**相対購買力平価説**を変化率の形で示すと，

$$e = p \div ap^*$$

より，これを変化率の関係に直すために両辺を微分すると，

$$de = dp \div ap^* - pdp^* \div ap^{*2}$$

となり，これをもとの式で，左辺は左辺で，右辺は右辺で，それぞれ割ると，一定の比例関係 a が消去され，以下のように為替相場変化率とインフレ率格差の関係が得られる。

$$de \div e = dp \div p - dp^* \div p^*$$

$de \div e =$ 為替相場変化率

$dp \div p =$ 自国の物価上昇（インフレ）率

$dp^* \div p^* =$ 外国の物価上昇（インフレ）率

すなわち，以下の関係が得られる。

為替相場変化率＝自国の物価上昇率－外国の物価上昇率

第4節　外国為替相場と投資はどのような関係にあるか

1. 為替リスクとは何か

　投資活動は国内のほうが活発であるが，近年国外投資の規模が次第に大きくなりつつある。投資は基本的に，資本を寝かせてリスクをとり，その見返りとして収益を得るのが目的である。この意味においては，国内投資も国外投資も同様である。両者の最大の違いは国外投資に**為替リスク**が伴う点である。

　為替リスクとは，投資先国の通貨価値が将来下落するリスク（危険）を言う。例えば，投資目的で直物相場で1ドルを100円で購入したとしよう。この1ドルが，将来の直物相場で90円に下落したとすれば，1ドル投資したことにより，10円の**為替差損**を被ることになる。すなわち，為替リスクとは為替差損を被る危険をさす。しかし逆に，1ドルが110円に上昇したとすれば，10円の**為替差益**を得ることになる。

　将来の直物相場は誰も知らないので，為替リスクは差損と差益について中立的（ニュートラル）である。しかし，多くの為替取引担当者はこのリスクを回避（ヘッジ）するのが一般的である。リスクがニュートラルであるにもかかわらずヘッジする理由は，国内取引のみならず国際取引も継続的な性格を持っているためである。つまり，為替差益が得られれば問題ないが，万一為替差損を被った場合には，その企業が倒産する可能性があるためである。一度倒産すれば，企業が存続することにより，継続的に得られたであろう雇用や収益が失われてしまうのである。

　為替リスクをヘッジする方法として将来の為替取引を確定する取引がある。この取引の行われている市場が**先物市場**である。先物市場においては，将来の為替取引条件について契約が交わされ，現時点において将来の取引が確定する。一般的に海外投資を行う場合，直物市場で外貨を購入すると同時に先物市場でその外貨を売却する**スワップ取引**が行われている。この取引において，リスクがヘッジされ，投資収益が確定する。

2. 金利平価説とはどのようなものか

　国際資本取引を想定して為替相場の決定を論ずる考え方を金利平価説と言う。以下で具体的に考えてみよう。まず1億円の資金をどの国で運用するかを考える。自国の金利をrとすると，自国でこの資金を運用した場合の1年後の元利合計は，

　　　　　$(1+r)$億円

となる。一方，同じ1億円をアメリカで運用する場合には，まず直物為替市場で円をドルに替えなければならない。直物相場（スポットレート）をe_sとすると，

　　　　　$(1 \div e_s)$億ドル

になる。そこで，アメリカの金利をr^*とすると，1年後の元利合計は，

　　　　　$(1 \div e_s)(1+r^*)$億ドル

となる。数値例で考えてみよう。例えば，直物相場が，

　　　　　$e_s = 125 ¥/\$$

で，金利が，

　　　　　$r^* = 5\%$

とすると，1年後の元利合計は，

　　　　　$(1 \div e_s)(1+r^*)$億ドル＝84万ドル

となる。1年後の直物相場が，かりに，5円の円安となって，

　　　　　$\$1 = ¥130$

であるとすれば，1年後の円での元利合計の受け取りは，

　　　　　84万ドル×130¥/＄ ＝ 1億920万円

となるが，1年後の直物相場が25円の円高となって，

　　　　　$\$1 = ¥100$

であるとすれば，1年後の円での元利合計の受け取りは，

　　　　　84万ドル×100¥/＄ ＝ 8,400万円

となって，為替リスクを回避（ヘッジ）しないで**為替ポジション（ドルの売り**

持ち＝いずれ売らなければならないドル為替とドルの買い持ち＝いずれ買わなければならないドル為替との差額）を不均衡（**オープン**）のままにしておくと1,600万円の為替差損を計上することになる。そこで為替差損を回避するために，直物相場でドルを買うのと同時に先物相場でドルを売るというスワップ取引を行って，為替ポジションを均衡（**スクウェア**）の状態にしておくのが，現実の取引では，一般的である。

そこで，先物相場を e_f とすると，

$$(1 \div e_s)(1 + r^*) e_f \text{ 億円}$$

が1年後の円表示の元利合計となる。このとき，国内と国外で1億円を運用した場合の1年後の元利合計を比較して，

$$(1 + r) \text{億円} < (1 \div e_s)(1 + r^*) e_f \text{ 億円}$$

という関係があれば，資金を国外で運用することになる。このような条件が満たされていると，直物市場では円売りドル買いが増加するので，直物相場は，ドル高（$e_s \uparrow$），先物市場では円買いドル売りが増加するので，先物相場はドル安（$e_f \downarrow$）となる。この結果，上の不等号はいずれ等号の関係になる。すなわち，

$$(1 + r) = (1 \div e_s)(1 + r^*) e_f$$

あるいは，これを書き直して，

$$e_f \div e_s = (1 + r) \div (1 + r^*)$$

この条件式を，**金利裁定条件**と言う。あるいは，両辺から1をひいて，

$$(e_f - e_s) \div e_s = (r - r^*) \div (1 + r^*) \fallingdotseq r - r^*$$

を金利裁定条件と言うこともある。上式の左辺の分子の値（$e_f - e_s$）を**直先スプレッド**あるいは**先物マージン**と言い，これを直物相場で除した左辺の値を**直先スプレッド率**あるいは**先物マージン率**と呼ぶ。そこで金利裁定条件は近似的に，

直先スプレッド率＝国内金利－国外金利

で示される。

「為替相場は内外金利差に直先スプレッド率が等しくなるように決まる」という考え方を金利平価説と言う。資本取引は瞬時に行われるので，短期的な為替相場は，金利平価説に従って決まるものと考えられる。

ところで，直先スプレッドとは，直物相場と先物相場の格差を言う概念で，

　　　　直物ドル相場＞先物ドル相場

のとき，**ドル・デイスカウント**と言う。逆に，

　　　　直物ドル相場＜先物ドル相場

のとき，**ドル・プレミアム**と言う。

3．資産選択理論とはどのようなものか

国際収支変動の説明において外貨，証券なども含めた資産保有の構成の変化を重要視する議論を**アセット・アプローチ**（資産的接近）と言う。この考え方で国際金利格差や為替リスクを考慮してドル資産と円資産を保有する量を調整することによって，為替需給量が決まり，それに対応して，為替相場が決まり，同時に国際収支の変動も説明する理論を**資産選択理論**と言う。

弾力性アプローチが，フロー概念を中心にして，国際収支の不均衡を論じる**フロー・アプローチ**であるのに対して，アセット・アプローチは邦貨，外貨，証券などのストック概念やその変化を中心にして，国際収支の不均衡を論じる**ストック・アプローチ**であると言える。

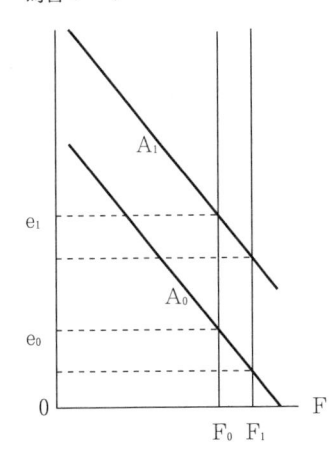

下図には，縦軸に為替レートe，横軸に外貨資産のストックFをとってある。為替レートは外貨資産Fの価格でもあるので外貨資産（例えば米国財務省証券や外国の不動産など）に対する需要曲線Aは右下がりの形状となる。すなわち円高になると外貨表示の資産が円表示の資産と比べて相対的に安価になるので，外貨資産に対する需要は増加すると考えられる。短期的に，

外貨資産の供給量が F_0 に与えられたとき，外貨資産の需給を均衡させる為替レートは e_0 に決まる。これが資産接近（アッセトアプローチ）による為替相場の決定理論である。何らかの要因によって市場が外貨資産をより強く選好するようになれば，需要曲線は A_2 に上方シフトし，為替相場は e_1 に上昇する。またこの国が経常収支の黒字を通じて外貨資産を増加させ，外貨資産の供給が F_0 から F_1 へ経常収支の黒字分だけ増加すれば，為替レートは低下する（円高となる）ことになる。ここで供給曲線が垂直に描かれているのは，外貨資産の供給に変化のない短期的な状況を想定しているためである。

第3章
国際貿易はどのようにして行われるか

第1節　自由貿易はどのようにして行われるか

　ここでは小国の部分均衡について考える。小国とはその国が国際価格に影響を与えるほどの経済規模を持っていないという意味である。それはちょうど，国内競争市場におけるプライステイカーと同じで小国は国際市場において価格受容者として行動する。次に**部分均衡**とは1つの財のみの均衡という意味で，部分均衡分析は，他の財市場からの影響を無視して結論を導くやり方である。例えばある商品の輸出による生産量の増加が，その生産に投入される生産要素の需要を増大させ，それがその生産要素の価格を引き上げ，それが更にその財の生産に影響を及ぼす，というような他の市場との相互依存関係は一切考慮しないのが部分均衡分析である。この分析方法は容易であるという長所はあるが，厳密ではないという短所がある。

1．鎖国状態における生産と消費はどのように決まるか

　いま次ページの図のように，縦軸にある商品，例えば米の価格をとり，横軸にその商品つまり米の数量をとろう。右下がりに描かれているDという図形が需要曲線であり，右上がりに描かれているSという図形が供給曲線である。普通，米の価格が上昇すると米の需要は減り，価格が下落すると米の需要はふえると考えられるので，さまざまな価格に対応する需要量は一般的に右下がりの形状に描かれる。

　貿易のない自給自足の状態では売れ残りや，品不足がないような価格で取引数量が決まるであろう。それは需要曲線と供給曲線とが交わる点で，例えば，価格はキロ当たり500円，数量は500万トンで示される。図では，この価格で，ちょうど需要量と供給量とが一致している。このように自給自足の状態では，

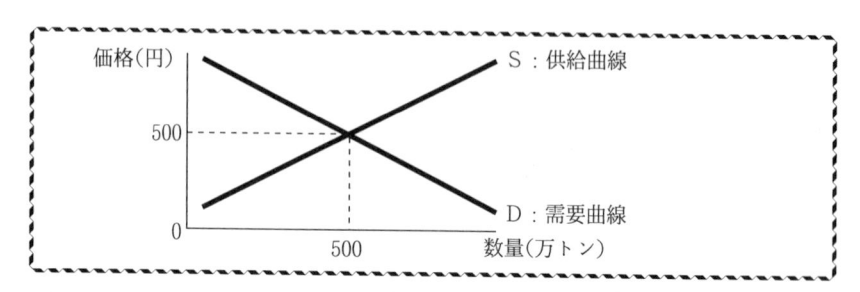

```
価格(円)                    S:供給曲線
   500 ┈┈┈┈┈┈┤
                            D:需要曲線
    0          500        数量(万トン)
```

需給曲線の交わるところに、価格と数量とが決まるものと考えよう。

ここでかりに国際価格が500円以上であれば、この商品は輸出財となり、逆に国際価格が500円以下であれば、輸入財となる。つぎに、この商品が国際価格が500円以下のときに、輸入財となるメカニズムについて考えることにしよう。

2. 開放状態にすると生産と消費はどのように変化するか

さて、いま米の国際価格がキロ当たり300円であるとしよう。かりに日本が米の貿易を自由化するとしたら何が起こるであろうか。まず輸入業者が、200円の価格差に目をつけるであろう。つまり、300円で輸入し500円で売れば200円もうかることになる。従って貿易の自由化により日本は米の輸入国になる。

次の問題はどれほど輸入するかということである。輸入される前は、500円で500万トンが供給されていた。そこで輸入が行われると供給が増大することになる。この輸入された米も500円で売るとなると、500万トンの需要量に対して、売り手側の供給量が500万トンをこえ、売れ残ってしまう。そこで、どうしても売ろうということになると、売り手は価格を引下げなければならない。輸入業者の方は、もうけを減らせば値引きは可能であるが、国内の生産者の中にはコスト割れとなって、生産をやめなければならない米作農家が出てくることが考えられる。従って国内の生産量は、輸入業者の価格の引き下げ競争から脱落する分だけ減少することになる。そして、その減少分が輸入に置き代わるのである。このように、国際価格が安いと、自由貿易の下では必ず国内価格も安くなる。そして、国内の生産量の減少が輸入にとってかわられる訳だが、価

格の下落はもう１つの効果を生む。それは，消費の増大である。これは米に限らないが，一般的に価格が下がると，そのものの消費量は増大する。売り手が沢山売ろうと思うとき，その商品の価格を下げるのはそのためである。例えば，バーゲンセールや在庫一掃セールなどは価格を安くして沢山売ることを目的としている。これと同じことが，米の場合にも起こる。つまり米が安くなると，主婦は米の買う量をふやし，食堂やレストランなどもライスの盛りつけを多くするだろう。こうして輸入の自由化により，次のことが起こる。

　①国内生産の減少　②国内消費の増加　③輸入増加

　さて，これを図で示してみよう。まず輸入のための費用や輸入業者の手数料を無視すると，最終的に国内価格は，国際価格と同じ300円となってしまう。これは輸入業者同士が競争する結果こうなるのである。つまり国内価格が300円を上回るような状況では，そこに利益があるから，外国からどんどん米が輸入されて価格が低下して行く。その行き着くところが300円という水準なのである。但し，輸入のための最低必要経費が多少存在するから，300円よりはやや高めに決まるかも知れないが，ここでは一応それは無視して考えることにしよう。

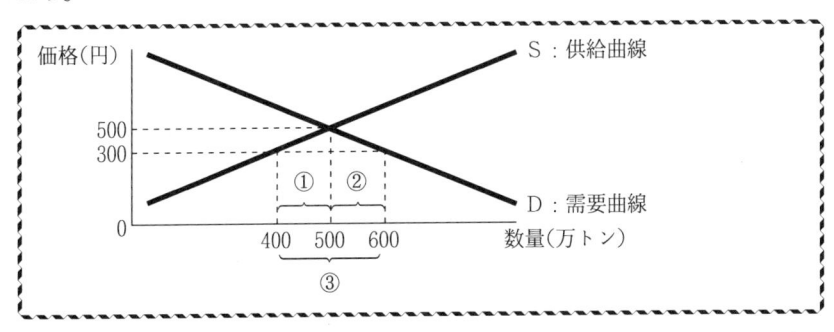

　国内価格が300円になると上の図では国内生産量は400万トンとなり，消費量は600万トンとなる。ここで，自給自足の場合と異なり，国内の生産量と消費量とが一致しなくなる訳だが，その差が輸入量ということになる。つまり，国内生産量と国内消費量と輸入量の間には以下の関係があるのである。

国内生産量＋輸入量＝国内消費量

あるいは，同じことであるが，

国内消費量－国内生産量＝輸入量

とも示せる。さて，ここで輸入量の大きさは，自給自足の場合と比較すると，2つの効果の和で示すことができる。図では次のような関係になっている。

国内生産量の減少＋国内消費量の増加＝輸入量

$(500-400=100)$　$(600-500=100)$　$(600-400=200)$

第2節　自由貿易の利益とは何か

　一般的にどの国も国内取引にはあまり制限を設けないが，国際取引，つまり貿易には何らかの形で制限を設けるのが普通である。どのような商品であれ，国境を越える際には，必ず税関を通らなければならない。貿易政策の多くは，この税関において行われる。後出の輸入関税や輸入数量制限が，その代表例であるが，それらの税関を通して行われる貿易政策が，われわれの経済にどのような影響を及ぼすかを以下で見て行こう。

　資本主義社会の貿易に関する基本政策は自由貿易である。**自由貿易**とは貿易を民間の活動に任せ，政府が一切の介入を行わないことを言う。従って，関税や数量制限などが全く存在しない貿易を意味する。貿易の当事者は相互に納得のいく価格で満足のいく数量の輸出入を行うというのが自由貿易の姿である。

　これから論じようとすることは，この自由貿易が貿易のやり方として輸出入両国にとり最も望ましい方法であるという命題である。言い替えれば，政府が貿易の方法に全く介入しないこと，例えば関税をかけたり貿易の数量を制限しないことが貿易当事国にとって最も望ましい状況を作り出すということである。

1．自由貿易の利益は何ではかることができるか

　さて，ここで本論の自由貿易の利益であるが，一体自由貿易の利益とは何であろうか。ここで日本国民の利益に限定して，問題を整理してみよう。まず，国内生産量は減少し，しかも価格は下落するから，米作農家にとっては，貿易

自由化は不利益である。一方，消費量は増加し，しかも価格は安くなるから，消費者にとっては利益が得られる。かくして，生産者の利益と消費者の利益は真っ向から対立することになる。このように，輸入を自由化する場合は，必ず生産者が不利益をこうむり，消費者が利益を得るというパターンになる。かつての牛肉やオレンジの場合もその例外ではない。大体この種の議論が国際経済学の外で，討議される場合，なかなか結論の出ないのが通例である。しかし，この問題について国際経済学では明確な解答を用意している。これについて議論する場合には，まず余剰という概念を理解しなければならない。

最初に消費者の利益をはかる道具としての消費者余剰から見て行こう。

　<**消費者余剰の定義**> 消費者がある財を購入しないで済ますよりは購入する方がいいと思って支払う最大限の価格が実際に支払う価格をこえる超過分。

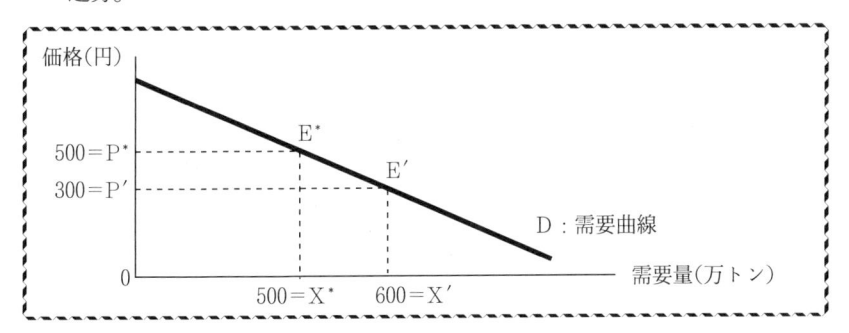

このように定義される消費者余剰が，図でどのように示されるかを見よう。需要曲線が図のように示されると，価格が$P^*=500$円に与えられれば，そのときの需要量は，$X^*=500$万トンである。このときかりに価格が$P'=300$円に下落したとすると，需要量は，$X'=600$万トンとなる。このことは，価格上昇によって$X'X^*=(600-500)$万トンに対応する需要量が減少することを意味するが，逆に$X^*=500$万トンの需要量は残ることも意味している。つまり，$X^*=500$万トンの需要量については，$P^*=500$円を支払ってもよいと解釈することもできる。この$X^*=500$万トンの需要量については，実際の価格が，$P'=300$

円，であるために，$(P^*-P')=(500-300)$円の大きさの余剰を享受していると評価されうる。更に言うならば，消費者は心理的な評価よりも少ない価格しか支払っていないことになる。つまり，$X^*=500$万トンという需要量において，消費者が購入しないで済ますよりは，購入する方がいいと思って支払う最大限の価格は，$P^*=500$円，であるが消費者が実際に支払う価格は，$P'=300$円である。従って超過分は，$(P^*-P')=(500-300)$円，で示される。この超過分を各需要量において，1単位ずつ測ると，需要曲線と$P'=300$円との距離に等しいことがわかる。この金額を$X^*=600$万トンまでの各需要量について合計すると三角形$AE'P'$の面積に等しくなる。一般的には，消費者余剰の大きさは次のように表示される。

　＜消費者余剰の大きさ＞ 需要曲線と縦軸と価格線で囲まれる面積

　従って，価格が$P^*=500$円のときの消費者余剰は，三角形AE^*P^*の面積で示される。ゆえに，価格が低ければ低いほど，消費者余剰は大となる。

　次に，生産者余剰の概念について見ることにしよう。

　＜生産者余剰の定義＞ 収入のうち費用をこえる超過分，すなわち利潤

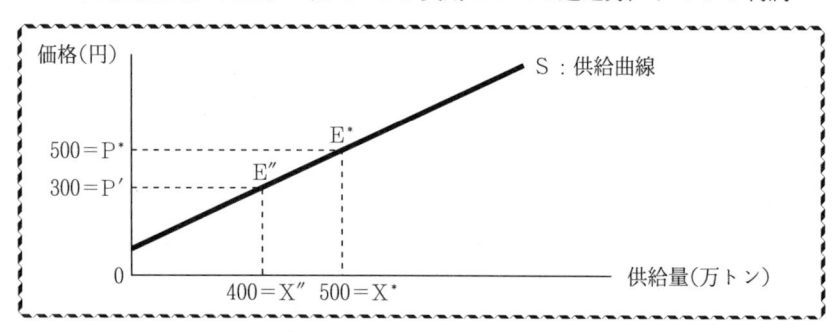

このように定義される生産者余剰が，図でどのように示されるかを見よう。供給曲線が図のように示されると，価格が$P^*=500$円に与えられれば，そのときの供給量は，$X^*=500$万トンである。このとき収入は，

$$\text{収入}=P^* X^*=500\text{万トン}\times 500\text{円/トン}=\text{四辺形}P^*E^*X^*0\text{の面積}$$

で示され，費用は四辺形$0BE^*X^*$の面積であらわされる。費用がこのように表

示されるのは，供給曲線が限界費用曲線に等しいことに由来する。限界費用とは，生産量を1単位増加させたときの費用の増加分であるから，$X''=400$万トンから1単位増加させたときの費用の増加分は$X''E''$，つまり300円，$X^*=500$万トンでは，X^*E^*，つまり500円の大きさであることがわかる。このように生産量をゼロから$X^*=500$万トンまで1単位ずつ増加させていくと，供給曲線の高さに等しい費用の増加が発生する。これらをすべて合計すると，結局四辺形$0BE^*X^*$の面積に等しくなるのである。ゆえに生産者余剰は，収入$=P^*X^*=$四辺形$P^*E^*X^*0$の面積から，費用$=$四辺形$0BE^*X^*$の面積を引いた面積，即ち三角形BE^*P^*の面積に等しくなる。一般的には，生産者余剰の大きさは次のように表示される。

＜生産者余剰の大きさ＞　供給（限界費用）曲線と縦軸と価格線で囲まれる面積

従って，価格が$P'=300$円のときの生産者余剰は，三角形$BE''P'$の面積で示される。ゆえに，価格が高ければ高いほど，生産者余剰は大となる。

最後に，総余剰の概念を説明しよう。

＜総余剰の定義＞　消費者余剰と生産者余剰の和，すなわち，

総余剰＝消費者余剰＋生産者余剰

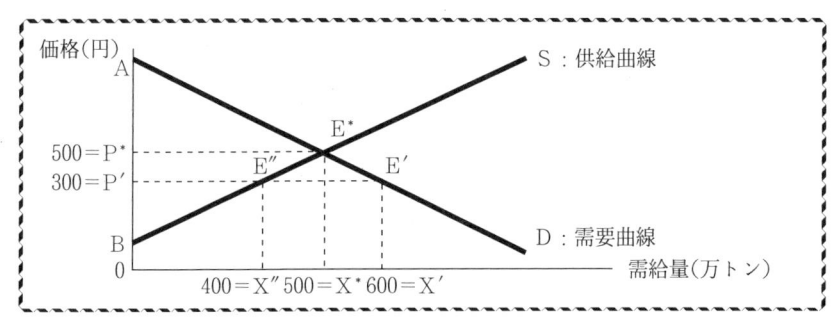

このように定義される総余剰が，図でどのように示されるかを見よう。鎖国市場において，需要曲線が図のように示されると，先に見たように価格は，$P^*=500$円，需要量は$X^*=500$万トンで，それらはE^*に決定される。従って，

総余剰は，その定義より以下のように示される。

$$消費者余剰(AE^*P^*) + 生産者余剰(BE^*P^*) = 総余剰(AE^*B)$$

すなわち鎖国市場(自給自足)における総余剰は三角形AE^*P^*の面積で示される。この総余剰の大きさが，善し悪しの基準として用いられる。そこで総余剰が大であればあるほど，ベターであると判断される。それでは，自由貿易の場合の総余剰はどのように示されるであろうか。

2．自由貿易の利益はどのように示すことができるか

輸入が自由に行われる場合，先に見たように国内生産量はX^*，国内需要量はX'，輸入量は$X''X'$となる。この結果，消費者余剰，生産者余剰，および総余剰の大きさは，それぞれ以下のように変化する。

① 消費者余剰＝$AE'P'$；　② 生産者余剰＝$BE''P'$；　③ 総余剰＝$AE'E''B$

従って貿易が自由化されたときの各余剰の変化は以下のように示される。

① 消費者余剰の変化(プラス)＝$AE'P' - AE^*P^* = +P^*E^*E'P'$

② 生産者余剰の変化(マイナス)＝$BE''P' - BE^*P^* = -P^*E^*E''P'$

③ 総余剰の変化(プラス)＝$AE'E''B - AE^*B = +E^*E'E''$

以上から自由貿易の利益が明らかとなる。輸入自由化による被害を生産者が主張し，逆に消費者が輸入の自由化されないことの被害を主張するというだけでは，単に両者の利害が対立するだけで明快な解決法が得られないことになる。ここでの議論のポイントは，社会全体の視点に立つということにある。即ち，上の式で示したように，確かに貿易自由化により生産者は損をし，消費者は得をする。しかし，社会全体としては，即ち生産者と消費者を全体として捉えてみると総余剰の増加という形で明らかに利益があるのである。これが自由貿易の利益であり，図では三角形$E^*E'E''$の面積で示される。

次の問題は，総余剰が増大するとしても，それは専ら生産者の不利益の下に，消費者が一方的に利益を得るということで，社会全体の利益は増大するとしても生産者は依然として納得しないだろう。現実の政策ではむしろこの点が問題となる。生産者の中には，倒産に追い込まれ，絶望の余り自殺する者も出てく

るかも知れない。要するに消費者の利益のみを拡大するのでは政策的に片手落ちとなるし，生産者の激しい抵抗が起こるから，実現もきわめて困難となろう。また，このことが輸入自由化の最大の障害となるのである。

国際経済学では，これについて次のような政策提案を行うことによって解決を与えている。すなわち，輸入自由化により消費者余剰は$P^*E^*E'P'$だけ増大し，生産者余剰は$P^*E^*E''P'$だけ減少するのであるが，前者が後者を上回っていることに注目するのである。輸入が自由化されると同時に政府が消費者から集めた所得税のうち，$P^*E^*E''P'$に等しい金額を生産者に与えれば，生産者の利益は，不変となる。一方消費者の利益は$P^*E^*E''P'$だけ減少するが，それでも差し引き，$P^*E^*E'P' - P^*E^*E''P' = E^*E'E''$，だけ増加するのである。消費者としてみれば，貿易が自由化されない限り，利益は増大しないのであるから，この方がベターであると言える。このような政府の政策をまとめると次のようになる。

（ⅰ）消費者から所得税を$P^*E^*E''P'$徴収する。
（ⅱ）生産者に補助金を$P^*E^*E''P'$与える。

この政策の結果，最終的に消費者と生産者の利益は以下のように示される。

①消費者の利益の変化（プラス）＝消費者余剰の増加 － 所得税賦課 ＝ $E^*E'E''$
　　　　　　　　　　　　　　　　（$P^*E^*E'P'$）　　（$P^*E^*E''P'$）

②生産者の利益の変化（ゼロ）＝生産者余剰の減少 ＋ 補助金の賦与 ＝ 0
　　　　　　　　　　　　　　　（$-P^*E^*E''P'$）　（$P^*E^*E''P'$）

かくして自由貿易の利益が証明された。このように貿易の自由化と並行して，損失をこうむる経済主体を補償するための適切な所得再分配政策を行うならば，すべての経済主体にとって，経済厚生が悪化しないことを**補償原理**と言う。

第3節　関税をかけると貿易はどのように変化するか

今日の世界において関税を賦課していない国はほとんどない。どのような国であれ何らかの関税を賦課しているのが普通である。もちろん，関税をかけて

いる商品の数は国によってばらつきがあり，日本やアメリカのように，比較的少ない国もあれば，発展途上国のように，関税をかけていない商品の数の方が少ない国もある。ここでの議論の目的は，関税賦課によって前節の自由貿易の利益がどのように変化するかということである。

1．輸入関税をかけると輸入はどのように変化するか

関税には大きく分けて，**従量税**と**従価税**がある。今日，大半の関税は従価税である。これらの関税が課せられると生産・消費・貿易がどのように変化するかを見てみよう。まず，国内価格はどうなるであろうか。これを調べるために関税を含めた輸入価格がどうなるかを知る必要がある。これを以下の式で示す。

$$国際価格(P') + 従価関税(tP') = 輸入価格(P' + tP')$$

$$国際価格(P') + 従量関税(T) = 輸入価格(P' + T)$$

上式において，$t = $従価税率，であり，国際価格($P'$)に対して定率で賦課される従価関税は両者の積で示される。例えば，$P' = 300$円，$t = 30\%$であれば，従価関税は，$tP' = 300$円$\times 0.3 = 90$円，となり，輸入価格は，

$$P' + tP' = P'(1 + t) = 390円$$

となる。また従量関税は1個につきT円賦課されるものであるから，$T = 90$円，とすれば，輸入価格は，

$$P' + T = 390円$$

となる。このように関税賦課の方法がどうであれ，関税は必ず輸入価格を上昇させるのである。

そこで，輸入価格を90円上昇させるような関税が賦課されたとすれば，国内経済に何が起こるであろうか。まず関税賦課直前の国内価格は300円であるから，関税賦課の結果，390円に上昇した輸入品を買う消費者はいなくなるであろう。従って，300円で輸入品を購入していた消費者は，国産品を買い求めようとするだろう。ところが国内価格300円のとき国内生産が400万トン，国内消費が600万トンであるから，これでは200万トンの生産が不足してしまう。つまり，品不足が起こり国内価格が上昇してしまうのである。この上昇がどこまで

続くかというと，最終的には，輸入価格と同じ水準までということになる。というのは，国内価格＝輸入価格，となれば，品不足の分は輸入品でまかなえば良いからである。また，輸入価格が国内価格よりも1円でも高い限り，輸入品は購入されないはずである。かくして，最終的には以下の関係が成立することになる。

国内価格（P）＝国際価格（P′）＋関税＝輸入価格

ここで注意することは，従価関税の場合，国際価格の変化に応じて関税幅が変化するが，従量関税の場合は変化しないということである。しかし経済活動に与える基本的な変化の方向はいずれの関税を賦課する場合でも，同様である。

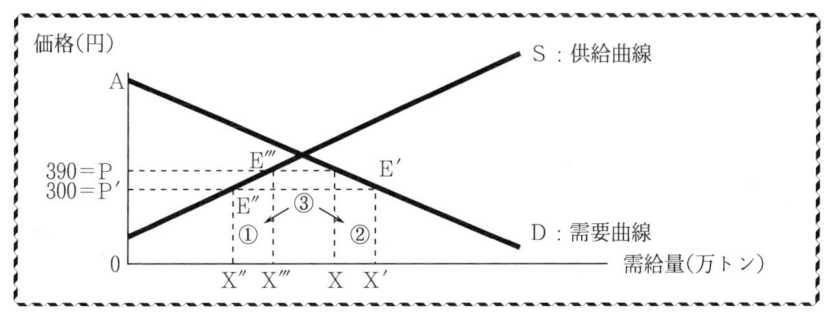

価格（円）
A
390＝P
300＝P′
S：供給曲線
D：需要曲線
E‴ E′
E″ ③
① ②
0　X″ X‴ X X′　需給量（万トン）

要するに国内価格は，国際価格に関税を足した金額に等しくなるのである。国内価格が決まれば，上の図のように国内生産，国内消費，輸入量が決定することになる。すなわち，生産量はXに決まり，輸入量は両者の差XX‴となる。X＝550万トン，X‴＝450万トンとすれば輸入量は100万トンとなる。自由貿易のときの輸入量は，200万トンであったから，関税によって100万トン減少したことになる。これは一体何によって減少したのであろうか。これを見てみよう。図に対応させると次のようになる。

①国内生産の増加；　②国内消費の減少；　③輸入量の減少

まず国内生産は，自由貿易の400万トンから，関税賦課後は50万トン増加して，450万トンとなる。ここで増加する理由は，国内価格が関税幅の90円上昇するためで，300円の価格では採算の合わないような生産者が生産を始めるか

らである。次に国内消費は，自由貿易の600万トンから，関税賦課後は50万トン減少して，550万トンとなる。ここで減少するのは国内価格が関税分の90円上昇するためで，300円ならば購入するという消費者が消費を取り止めるからである。この結果，輸入量は自由貿易の場合の200万トンから，関税賦課後は100万トン減少して，100万トンの水準になる。これを式で示せば以下のようになる。

$$国内生産の増加＋国内消費の減少＝輸入の減少$$

$$(400-450=-50) \quad (550-600=-50) \quad (-50-50=-100)$$

あるいは，関税賦課後の輸入の変化を次のように示すこともできる。

$$関税賦課後の輸入－関税賦課前の輸入＝輸入の減少$$

$$(550-450=100) \quad (600-400=200) \quad (100-200=-100)$$

かくして，関税賦課後の生産，消費，輸入が確定した。これをもとにして，次に貿易利益の変化を検討してみよう。

2．輸入関税をかけると貿易の利益はどのようになるのか

貿易の利益のはかり方は前項と同様で，余剰概念を用いる。さて関税が賦課された場合，先に見たように国内生産量はE'''，国内需要量はE，輸入量はEE'''となる。この結果，消費者余剰，生産者余剰，総余剰の大きさは以下のように変化する。

① 消費者余剰＝AEP

② 生産者余剰＝$BE'''P$

③ 総余剰＝$AEE'''B$

従って関税が賦課されたときのそれぞれの余剰の変化は以下のように示される。

① 消費者余剰の変化(マイナス)＝$AEP-AE'P'=-PEE'P'$

② 生産者余剰の変化(プラス)＝$BE'''P-BE''P'=PE'''E''P'$

③ 総余剰の変化(マイナス)＝$AEE'''B-AE'E''B=-EE'EE'''$

ところで，関税を賦課すると関税収入が発生するが，この収入はどうなるの

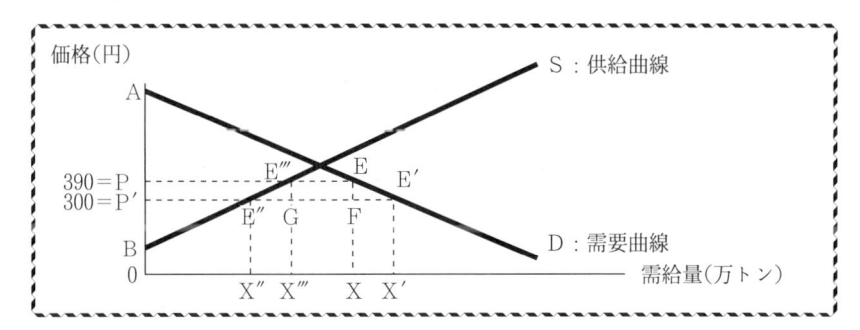

[図: 需要供給曲線。縦軸 価格(円)、横軸 需給量(万トン)。$390=P$、$300=P'$。点 A, B, E, E', E'', E''', F, G、横軸上に X'', X''', X, X']

だろうか。関税収入は次のように示される。

④ 関税収入＝輸入量(EE''')×関税(PP')＝EFGE'''

この関税収入は政府の財源となるので，利益と考えていい。従って関税賦課後の経済利益の大きさは，総余剰と関税収入の合計によって求められる。

関税賦課後の経済利益＝関税賦課後の総余剰＋関税収入＝AEFGE'''B
　　　　　　　　　　　(AEE'''B)　　　　　　(EFGE''')

以上から関税賦課による経済利益の変化を見ることができる。すなわち，

関税賦課による経済利益の変化(マイナス)
　＝関税賦課後の経済利益－自由貿易下の利益＝－EFE'－GE''E'''
　　(AEFGE'''B)　　　　　(AE'E''B)

このように輸入関税の賦課は経済利益を減少させることがわかる。しかし，関税を賦課すると国内生産が拡大するため，国内産業の保護のためにしばしば，この関税政策がとられる。かつての自動車がそうであり，コンピューター関連機器がそうである。こうした保護政策は国内の消費者の犠牲のもとに行われることが以上で明らかになったのである。

3．輸出関税をかけると輸出はどのように変化するか

輸出関税は輸出される商品にかけられる関税である。分析方法は，輸入関税の場合と形式的にはほぼ同じように行うことができる。しかし，以下でみるように，輸出関税は国内生産者の負担となり，経済厚生を低めるため，輸出量を減少させなければならないような事態や財政収入をそれに依存しなければなら

ない事態が生じない限り，あまりとられることのない政策である。ここでは，簡単に，その結論のみを示すことにしよう。

$$輸出価格(P')＋従価関税(tP')＝国際価格(P)$$

$$輸出価格(P')＋従量関税(T)＝国際価格(P)$$

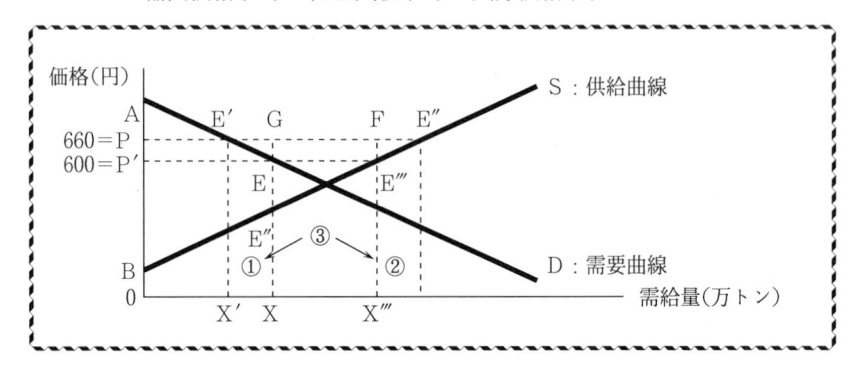

さて，輸出関税が賦課される前の国内価格は，国際価格 P＝660円，に等しく，生産点はE"(生産量はX")，消費点はE'(消費量はX')，輸出量は，E"E'＝X"－X'，であった。そこで，輸出関税が国内価格に10％賦課されると何が起こるであろうか。かりに，そのときの国内価格 P'＝660円，で輸出しようとすれば，66円の輸出関税を払うことになり，合計，

$$国内価格(660円)＋輸出関税(66円)＝輸出価格(726円)$$

で外国へ売らなくてはならないが，このときの国際価格が，660円であるから，この国の輸出品は全く売れなくなる。そこで，輸出価格を下落させざるを得なくなる。いずれにしても，関税を払ったあとの価格が国際価格を越える限り，国際市場での販売は不可能であるから，少なくともトータルで660円になる水準まで輸出価格を引き下げなければならない。すなわち，t＝10％の従価関税の場合は，

$$660＝P'＋tP'＝1.1P'$$

となる。ゆえに，P'＝600，となり，従量関税の場合，T＝60とすれば，やはり，P'＝600となる。

このとき国内消費者向けの価格が依然として600円であったとすれば、生産者にとって輸出より国内販売の方が有利となるから、国内市場に供給があふれることになり、やがて国内価格も600円の水準まで下落して行く。かくして、関税賦課後の生産点はE'''（生産量はX'''），消費点はE（消費量はX）となって輸出量は，

$$E'''E = X''' - X$$

へ減少する。従って，輸出関税の効果は以下のように示される。

① 国内消費の増加； ② 国内生産の減少； ③ 輸出量の減少

4．輸出関税をかけると貿易の利益はどのように変化するか

前の図と同様にしてそれぞれの余剰を前ページの図の記号を用いて示してみよう。まず，輸出関税賦課前のそれぞれの余剰を示そう。

① 消費者余剰＝$AE'P$

② 生産者余剰＝$BE''P$

③ 総余剰＝$AE'P + BE''P = AE'E''B$

つぎに，関税賦課後は，これらの余剰が以下のように変化する。

① 消費者余剰＝AEP'

② 生産者余剰＝$BE'''P'$

③ 総余剰＝$AEP' + BE'''P' = AEE'''B$

④ 関税収入＝$EGFE'''$

従って，それぞれの変化分は次のようになる。

① 消費者余剰の変化（プラス）＝$AEP' - AE'P = PE'EP'$

② 生産者余剰の変化（マイナス）＝$BE'''P' - BE''P = -PE''E'''P'$

③ 総余剰の変化（マイナス）＝$AEE'''B - AE'E''B = -EE'E''E'''$

ゆえに生産者を不利化させ，消費者を有利化させる。しかし，全体としては関税収入を含めて，経済厚生は以下のように低下する。

関税賦課後の経済利益＝関税賦課後の総余剰＋関税収入＝$AEGFE'''B$
　　　　　　　　　　　　（$AEE'''B$）　　　　（$EGFE'''$）

従って，経済利益の変化分は次のようにマイナスとなる。

　　関税賦課による経済利益の変化(マイナス)
　　　＝関税後の経済利益－自由貿易下の利益＝－EGE′－FE″E‴
　　　（AEGFE‴B）　　（AE′E″B）

このように輸出関税の賦課は輸入関税の賦課と同様に経済利益を減少させることがわかる。ただし輸入関税の場合は生産者が有利に，消費者が不利になったが，輸出関税の場合は逆に消費者が有利に，生産者が不利になる点が異なる。

いずれにしても，関税の存在しない自由貿易の状態が経済全体にとっては，より良いことがわかる。

第4節　数量を制限すると貿易はどのように変化するか

自由貿易を阻害するもう1つの有力な政策として数量制限がある。例えば，20世紀末の牛肉の輸入数量制限や自動車の輸出自主規制などがこれに該当する。そこで，ここでは最初に牛肉の輸入数量制限がどのような効果を持つか考えてみよう。また，後半では自動車の輸出数量制限の効果について論及する。

1．輸入数量を制限すると輸入はどのように変化するか

当初，自由貿易であった状況から牛肉の輸入数量を制限したとしよう。自由貿易の輸入量E′E‴をGFへ制限すると，何が起こるであろうか。輸入数量制限は，GFしか輸入してはいけないという政策であるから，国内の輸入業者はこれ以上輸入することはできない。しかし輸入関税は賦課されないのであるから，この業者は牛肉をP′で売っても損はしない訳だが，P′で売ると，P′E′の需要があるため，国内生産のP′E″と輸入量EE‴を合計しても，品不足であることがわかる。すなわち，

　　　　　　　　P′E″＋EE‴＜P′E′

である。品不足であると，当然価格は上昇することになる。この価格上昇は，品不足が解消される水準までやまず，最終的には牛肉価格はPとなるだろう。

このときの国内生産はPE‴，国内消費はPE，輸入はEE‴であるから，Pとい

う価格で牛肉の売れ残りも品不足もなくなることが知れる。すなわち，

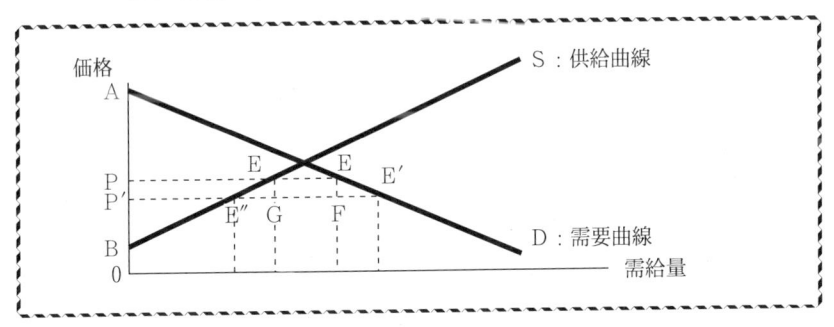

$PE''' + EE''' = PE$

```
価格
A
           S：供給曲線
      E   E
P         E'
P'
      E"  G  F
B
0              D：需要曲線
                 需給量
```

2．輸入数量を制限すると貿易の利益はどのように変化するか

さて，経済利益はどのように変化するであろうか。前節と同じ分析を試みてみよう。まず輸入数量制限の後の消費者余剰，生産者余剰，総余剰の大きさは輸入関税賦課の場合とまったく同じで，以下のように変化する。

① 消費者余剰＝AEP
② 生産者余剰＝BE'''P
③ 総余剰＝AEE'''

従って，自由貿易からの余剰の変化も輸入関税賦課の場合と全く同じになる。

① 消費者余剰の変化＝－PEE'P'
② 生産者余剰の変化＝PE'''E''P'
③ 総余剰の変化＝－EE'E''E'''

ところで，輸入業者の利益はどうなるであろうか。輸入業者はP'で輸入し，Pで国内販売をする訳であるから，単位あたり(P－P')の利益を得ることになる。

輸入業者の利益＝(P－P')×EE'''＝EFGE'''

この大きさは，正に前節の関税収入と全く同じである。要するに前節の関税収入が，輸入数量制限の場合は，そっくり輸入業者の懐に入るのである。そういう観点から日本の場合，かつて牛肉の輸入は畜産振興事業団という公益法人

が行っていた。しかし，この制度は輸入自由化に伴って解消された。以上から輸入数量制限による経済利益の変化を見ることができる。すなわち，

　　　　輸入数量制限後の経済利益
　　　＝輸入数量制限後の総余剰＋輸入業者の利益＝AEFGE‴B
　　　　　　（AEE‴B）　　　　　（EFGE‴）

従って，経済利益の変化分は，次のようにマイナスとなる。

　　　　輸入数量制限による経済利益の変化(マイナス)
　　　＝輸入数量制限後の経済利益－自由貿易下の利益＝－EFE′－GE″E‴
　　　　　（AEFGE‴B）　　　　　　（AE′E″B）

このように輸入数量の制限は経済利益を減少させることがわかる。しかし，輸入数量制限を行うと国内生産が増大するため国内産業の保護のためしばしばこの輸入数量制限政策がとられる。近年まで日米間で盛んに問題となってきたオレンジや今とりあげた牛肉が代表的な商品であった。こうした保護政策は，国内の消費者の犠牲の下に行われていることが以上で明らかになったのである。

3．輸出数量を制限すると輸出はどのように変化するか

分析方法は輸入数量制限の場合と形式的にほぼ同じように行うことができる。しかし，以下で見るように輸入数量制限は前節の輸出関税の場合と同じように，国内生産者の負担となり，経済厚生を低める。ここでは簡単に，その結論のみを示すことにしよう。

さて，当初自由貿易であった状況から自動車の輸出自主規制(輸出数量制限)を行ったとしよう。自由貿易の輸出量E′E″をGFへ制限すると何が起こるであろうか。輸出数量制限は，それが自主規制であろうとなかろうと，とにかくGFしか輸出しないということであるから，

　　　　当初の輸出量(E′E″)－輸出数量制限(GF)

の数量は販路を失うことになる。しかし輸出関税は賦課されないのであるから，生産者はPの国内価格で外国に売ることはできる。従って生産者はPという価格で売りたいわけだが，この価格では国内需要がPE′しかないため供給超過と

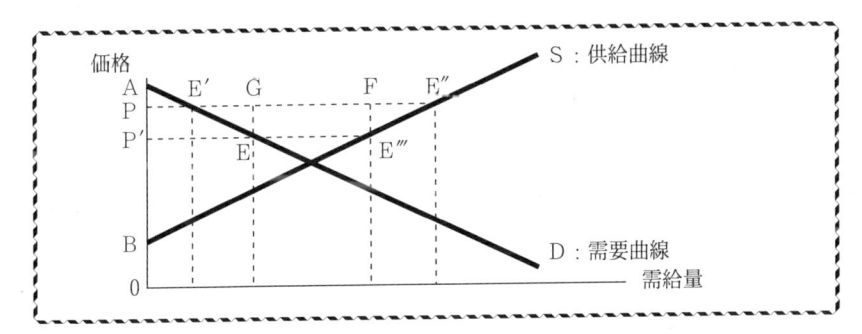

なる。すなわち、

$$PE' + GF < PE''$$

となる。このため国内価格は下落せざるを得ない。この価格下落は売れ残りが解消される水準まで続き、最終的には自動車の国内価格はP′となる。このときの国内生産はP′E‴、輸出はEE‴＝GFであるから、P′という価格で自動車の売れ残りはなくなる。すなわち、

$$P'E''' = EE''' + PE'$$

4．輸出数量を制限すると貿易の利益はどのように変化するか

さて、経済利益はどのように変化するであろうか。輸入数量制限と同じ分析を試みよう。まず、輸出数量制限の結果、消費者余剰、生産者余剰、総余剰の大きさは輸出関税賦課の場合と全く同じで、以下のようになる。

① 消費者余剰＝AE′P′
② 生産者余剰＝BE″P
③ 総余剰＝AE′E″B

従って、自由貿易からの余剰の変化も輸出関税賦課の場合と全く同じになる。

① 消費者余剰の変化＝PE′EP′
② 生産者余剰の変化＝－PE″E‴P′
③ 総余剰の変化＝－EE′E″E‴

ところで、輸出業者の利益、あるいは、輸出割当分を輸出することのできる生産者の利益はどうなるであろうか。生産者はP′で生産し、Pで輸出するわけ

であるから、1台あたり、(P−P′)の利益を得るはずである。すなわち、

$$\text{輸出業者の利益} = (P-P') \times EE''' = EGFE'''$$

この大きさは、正に前節の関税収入と全く同じである。要するに前節の関税収入が輸出数量制限の場合は、そっくり輸出業者の懐に入るのである。従って、生産者はより多くの輸出割当を獲得したいと思うであろう。そういう観点から日本の場合、自動車の輸出量は過去の輸出実績の比率にもとづいて各生産者に割当てられた。そこで輸出数量制限による経済利益の変化を見ることができる。

輸出数量制限後の経済利益
　＝輸出数量制限後の総余剰＋輸出業者の利益＝AEGFE‴B
　　　(AE′E″B)　　　　　(EGFE‴)

従って、経済利益の変化分は次のようにマイナスとなる。

輸出数量制限による経済利益の変化(マイナス)
　＝輸出数量制限後の経済利益−自由貿易下の利益＝−EGE′−FE″E‴
　　　(AEGFE‴B)　　　　(AE′E″B)

先の輸出関税の場合との相違は、生産者の利益の減少が輸出業者の利益の分だけ少ないという点である。従って、生産者にとっては輸出量の減少分が同じであるならば、輸出関税によるよりも輸出数量制限の方が望ましいということになる。

第5節　補助金給付により貿易はどのように変化するか

1. 輸入補助金の給付により輸入はどのように変化するか

輸入補助金は、直接的な補助金以外に輸入された生産物に国内で課せられる税金の免除や輸入品を原材料として投入する生産物に対する補助金、あるいはもっと広義に解釈するならば、輸入代金の低利融資や国外マーケットに関する情報の無償提供等を含めることもできる。以下では直接的な補助金のケースについて考える。まず国内価格と補助金と国際価格の関係は次のように示される。

$$\text{国内価格}(P') = \text{国際価格}(P) - \text{従価補助金}(tP)$$

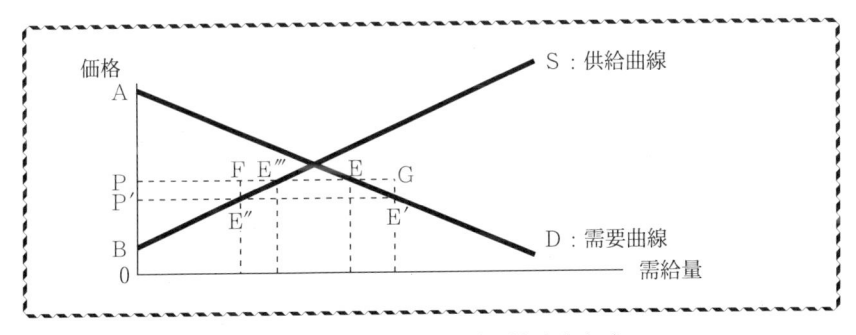

```
     価格
        A                S：供給曲線
                  F E‴    E   G
        P
        P′
               E″          E′
        B                      D：需要曲線
        0                          需給量
```

国内価格(P′)＝国際価格(P)－従量補助金(T)

さて、自由貿易の状態から輸入補助金が与えられると何が起こるであろうか。まず、輸入をすると補助金がもらえるのであるから、現行国内価格が、かりに国際価格に等しいとすれば、国内生産物を買う消費者はいない。この結果、国内は超過供給となり国内価格は下落する。最終的には国内で購入しても、輸入をしても同一の価格になるところに落ちつくであろう。その条件は、上の等式で示されているように国内価格が、輸入価格(国際価格－補助金)に等しくなることである。従って、補助金が与えられた後は、国内生産はPE‴からP′E″へ減少し、国内消費はPEからP′E′へ増加するので、輸入はEE‴からE′E″へ増加することになる。すなわち、

国内生産(P′E″)＋輸入(E′E″)＝国内消費(P′E′)

2. 輸入補助金の給付により貿易の利益はどのように変化するか

まず、輸入補助金を与えた後の各余剰を示そう。

① 消費者余剰＝AE′P′

② 生産者余剰＝BE″P′

③ 総余剰＝AE′E″B

④ 補助金＝E′GFE″

従って、それぞれの変化分は次のようになる。

① 消費者余剰の変化(プラス)＝AE′P′－AEP＝PEE′P′

② 生産者余剰の変化(マイナス)＝BE″P′－BE‴P＝PE‴E″P′

③ 総余剰の変化(プラス)＝AE′E″B－AEE‴B＝EE′E″E‴

　ゆえに，生産者を不利化させ，消費者を有利化させることになる。総余剰は増加しているが，輸入補助金が経済厚生を高める政策であることを意味しないことに注意する必要がある。ここで注意すべきことは輸入補助金を支払うのは誰かということである。直接的には政府が補助金を輸入者に支払うのであるが，これは税金で賄われるので，最終的には消費者が支払うことになる。そこで，全体としては，補助金を含めると以下のように経済厚生は低下することになる。

　　　補助金給付後の経済利益＝補助金給付後の総余剰－補助金
　　　　　　　　　　　　　　　　(AE′E″B)　　　　(E′GFE″)

　　　　　　　　　　＝AEE‴B－EGE′－E″FE‴

従って，経済利益の変化は次のように前図の2つの小さい三角形の部分がマイナスとなることによって示される。

　　　補助金給付後の経済利益の変化(マイナス)
　　　＝補助金給付後の経済利益－自由貿易下の利益＝－EGE′－E″FE‴
　　　　(AEE‴B－EGE′－E″FE‴)　(AEE‴B)

　このように，輸入補助金の給付は経済厚生を悪化させることがわかる。実際輸入補助金政策を採っている国は殆ど存在しない。その理由はここで説明した理由ではなく，輸入補助金政策が生産者・企業・労働者などにとって不利益をもたらすという理由である。

3．輸出補助金の給付により輸出はどのように変化するか

　輸出補助金は，直接的な補助金以外に輸出された生産物に国内で課せられた税金の割戻しや原材料として投入された輸入品に賦課された輸入関税の割戻し，あるいはもっと広義に解釈するならば，輸出代金の低利融資や国外マーケットに関する情報の無料提供等を含めることもできる。以下では，直接的な補助金のケースについて考えてみよう。まず，国内価格と補助金と国際価格の関係は以下のように示される。

　　　　　国内価格(P′)－従価補助金(tP′)＝国際価格(P)

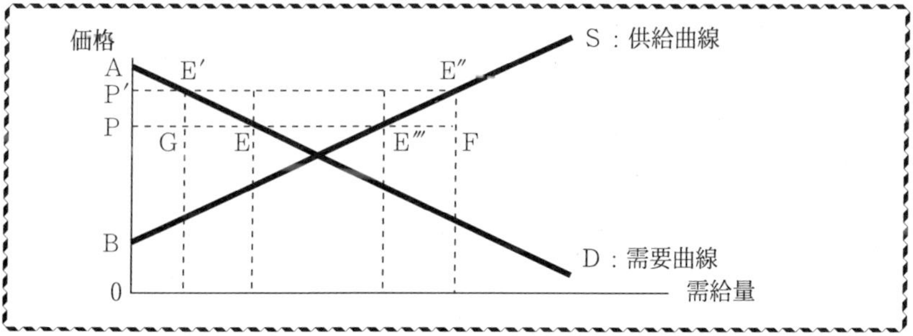
価格
S：供給曲線
A
E′
E″
P′
P
G
E
E‴
F
B
D：需要曲線
0
需給量

国内価格(P′)－従量補助金(T)＝国際価格(P)

さて，自由貿易の状態から輸出補助金が与えられると何が起こるであろうか。まず，輸出をすると補助金がもらえるのであるから，生産者の収入は輸出した場合は，国際価格＋補助金となるから，当初すべての生産者は国内で売るよりも輸出することを考えるだろう。この結果，国内は品不足となり国内価格は上昇する。最終的には，国内で販売しても，輸出をしても同一の収入になるところに落ちつくであろう。その条件は，上の等式で示されているように国内価格が，輸出価格(国際価格＋補助金)に等しくなることである。

従って，補助金が与えられた後は，国内生産はPE‴からP′E″へ増加し，国内消費はPEからP′E′へ減少するので，輸出はEE‴からE′E″へ増加することになる。すなわち，

国内生産(P′E″)＝国内消費(P′E′)＋輸出(E′E″)

4．輸出補助金を与えると貿易の利益はどうなるか

まず，輸出補助金を与えたあとの各余剰を示そう。

① 消費者余剰＝AE′P′

② 生産者余剰＝BE″P′

③ 総余剰＝AE′E″B

④ 補助金＝E′GFE″

従って，それぞれの変化分は次のようになる。

① 消費者余剰の変化(マイナス)＝AE′P′－AEP＝PEE′P′

② 生産者余剰の変化(プラス)＝BE″P′－BE‴P＝PE‴E″P′
③ 総余剰の変化(プラス)＝AE′E″B－AEE‴B＝EE′E‴

ゆえに，生産者を有利化させ，消費者を不利化させることになる。総余剰は増加しているが，輸出補助金が経済厚生を高める政策であることを意味しないことに注意する必要がある。ここで注意すべきことは輸出補助金を支払うのは誰かということである。直接的には政府が補助金を生産者に支払うのであるが，これは税金で賄われるので，最終的には消費者が支払うことになる。そこで，全体としては，補助金を含めると以下のように経済厚生は低下することになる。

補助金給付後の経済利益＝補助金給付後の総余剰－補助金
　　　　　　　　　　　　（AE′E″B）　　　　（E′GFE″）

＝AEE‴B－EGE′－E″FE‴

従って，経済利益の変化は次のように前図の2つの小さい三角形の部分がマイナスとなることによって示される。

補助金給付後の経済利益の変化(マイナス)
＝補助金給付後の経済利益－自由貿易下の利益＝－EGE′－E″FE‴
　（AEE‴B－EGE′－E″FE‴）　　（AEE‴B）

このように，輸出補助金の給付は経済厚生を悪化させることがわかる。以上見てきたように国際価格に影響力を持たないプライス・テイカーとしての小国にとって，経済厚生が最も高水準となるのは自由貿易であり，自由な貿易活動に対する政府のいかなる介入も経済厚生を低めることがわかる。

第6節　貿易を制限することにはどのような根拠があるか

1．幼稚産業を保護するという根拠はどのようなものか

幼稚産業とは現在は国際競争力を全く持たず，国際価格P′のもとでは採算があわず全く生産ができないが，適当な保護が与えられれば将来は保護なしでも生産を行うことができるほどに成長する産業のことである。このような産業は保護すべきである，という主張を**幼稚産業保護論**と言う。日本の例で言うと，

戦前の繊維産業，鉄鋼産業，造船産業等がその代表であり，戦後は自動車産業，機械産業，家電産業などがその代表であり，近年までは，コンピューター産業，エレクトロニクス産業などがその代表であった。1例として，自動車をとりあげると，昭和30年代の日本の自動車産業は全く国際競争力がなく，かりに政府の輸入制限が全くなく，自由貿易が行われていたら，日本の自動車産業は外国資本に圧倒され，現在のような形では存在しえなかったはずである。かつての幼稚産業である自動車産業が，世界一の水準にまで成長することを1950年代に一体誰が予想し得たであろうか。

　ここで幼稚産業保護の得失を先の余剰概念を用いて考えてみよう。現在供給曲線がSで示されているとしよう。このとき国際価格はP′であるから，この国の生産者は全く採算が合わず，生産が行えない。生産者の採算が合うためには，価格はCよりも高くなければならない。従って国際価格がP′のときに自由貿易を行えば，この産業は発展の手がかりの得られないまま，消滅することになる。

しかし輸入を禁止すれば国内生産はE^*に決まり，価格はP^*となり，かなり高くはなるが，今後の発展の手がかりとなる。そこで将来，この産業の供給曲線がS′にシフトするものとしよう。そうであれば，国際価格P′のもとでも，E''での国内生産が可能となり，この産業は自由貿易の下で存立可能となる。

　さて，ここでの問題は，どのような条件がみたされれば幼稚産業保護が肯定されるかということである。正当化されるための基準は，当然その国の利益を高めることに求めなければならない。つまり幼稚産業を保護した方がその国にとって利益が大きいということが証明されなければ，幼稚産業保護は是認され得ない。そこで再び総余剰概念を用いて，検討することにしよう。

　まず，現在時点での自由貿易と幼稚産業保護（輸入禁止）の両政策を比較してみよう。やり方は前節と全く同じなので，結果のみを示すことにする。

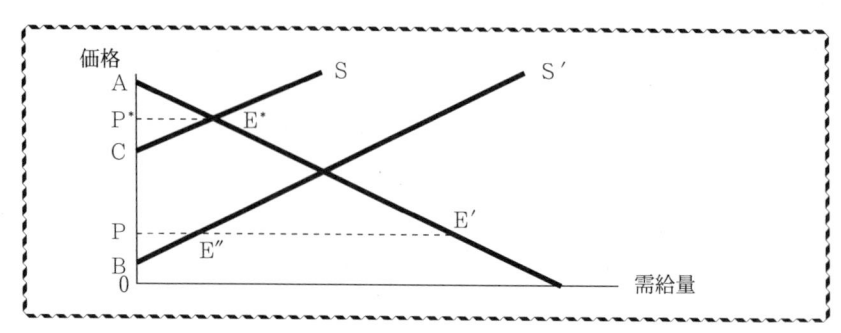

```
         価格
            A            S           S'
            P*----------E*
            C

            P                      E'
            B     E"
            0                                    需給量
```

<現在の総余剰：供給曲線S>

(1) 自由貿易の場合：

  ① 消費者余剰＝AE'P'；② 生産者余剰＝ゼロ；③ 総余剰＝AE'P'

(2) 幼稚産業保護（輸入禁止）の場合：

  ① 消費者余剰＝AE*P*；② 生産者余剰＝CE*P*；③ 総余剰＝AE*C

(3) 幼稚産業保護の効果：

  ① 消費者余剰の変化＝AE*P*−AE'P'＝−P*E*E'P'

  ② 生産者余剰の変化＝CE*P*−0＝CE*P*

  ③ 総余剰の変化＝AE*C−AE'P'＝−CE*E'P'

かくして，幼稚産業保護の現在の利益に与える効果はマイナスであることが明らかになった。実は，上の(2)幼稚産業保護（輸入禁止）の場合は，閉鎖経済の場合と同じものである。つぎに将来について考えてみよう。ここで話を単純にするために，需要曲線と国際価格P'は不変であるものとしよう。

<将来の総余剰：供給曲線S'>

(1) 最初から継続して自由貿易の場合：

  ① 消費者余剰＝AE'P'；② 生産者余剰＝ゼロ；③ 総余剰＝AE'P'

(2) 最初幼稚産業保護（輸入禁止）で将来自由貿易にする場合：

  ① 消費者余剰＝AE'P'；② 生産者余剰＝BE"P'；③ 総余剰＝AE'E

(3) 幼稚産業保護の効果：

  ① 消費者余剰の変化＝ゼロ

②生産者余剰の変化＝BE″P′
　③総余剰の変化＝BE″P′
　このように，幼稚産業保護の将来の利益に与える効果はプラスであることが明かになった。従って，幼稚産業保護の効果は現在はマイナス，将来はプラスとなることがわかる。ゆえに，幼稚産業保護の是非は現在のマイナスと将来のプラスのどちらが大きいか，ということに帰着する。すなわち，議論を単純にするために現在と将来の総余剰の価値が同一であると想定するとき，
　　　　BE″P′＞CE*E′P′
であれば，幼稚産業は保護すべきだということになる。それは結局，供給曲線S′が，どの程度速やかに，どの程度大幅に下方へシフトするか，ということにかかってくる。いずれにしても，一概には何とも言えないのである。しかし，日本の自動車産業のように世界第一位の輸出産業に成長したケースについては，成功であったと言えるが，それはあくまでも事後的なことであり，昭和30年代に今日の日本の自動車産業の隆盛を予言した人は，殆どいなかったことに留意する必要がある。また失敗した例としては石油化学産業をあげることができるだろう。さらに重要なことは幼稚産業保護はその初期において，必ず消費者の犠牲をともなうことである。初めから自由貿易であれば，消費者は確実に継続して利益を得ることができるのである。このことを無視してはいけない。

2．産業調整に時間を与えるという根拠はどのようなものか

　第1節で見たように自給自足状態（輸入禁止）から貿易を自由化すると，必ず生産量が減少することになる。このときの各余剰の変化は第2節で以下のように示された。
　　　　①消費者余剰の変化＝P*E*E′P′
　　　　②生産者余剰の変化＝－P*E*E′P′
　　　　③総余剰の変化＝E*E′E″
　ここで生産額の減少に注目してみよう。生産額は，価格と生産量の積であるから，その変化は次のように示される。

④生産額の変化＝P′X″－P*X*＝－P*E*E″P′－X*E*E″X″

つまり，④生産額の変化は，②生産者余剰の変化をさらに，$-X^*E^*E''X''$だけ下回るのである。この大きさは，労働者や経営者の賃金や俸給の減少分である。これらの労働者や経営者が貿易自由化と同時に他の職を見い出し，即座に以前と同額の所得を得るならば，経済利益の減少分については生産者余剰の減少分だけを考慮すればよい。しかし，一般的に即座に新しい職業を見い出すのは，それほど容易ではなく，一定期間は失業者とならざるを得ない。そこでこれらの人々の所得がある期間ゼロになるという産業調整を考慮すれば，貿易を制限している状態から突然，自由化すると，$-X^*E^*E''X''$の不利益が発生する。従ってこの不利益も含めた経済利益を考えると以下のように修正される。

⑤ 経済利益の変化＝総余剰の変化－産業調整の不利益
　　　　　　　　(E*E′E″)　　　(X*E*E″X″)
　　　　　　＝E*E′H－E″HX*X″

かくして産業調整の不利益を考慮に入れると，この国は自由貿易化によって，短期的に不利益をこうむる可能性がでてくる。もちろんこの議論はあくまでも短期の話であって長期的には失業者も新しい職につくであろうから，自由貿易の利益は依然として正しいことに注意しなければならない。いずれにしても，労働者がこの産業から他の産業へスムースに移動できるまで，貿易を制限するという政策には，それなりの根拠はあるが，それはあくまでも短期において，ということである。現在の国際貿易制度においては産業調整の必要が存在する

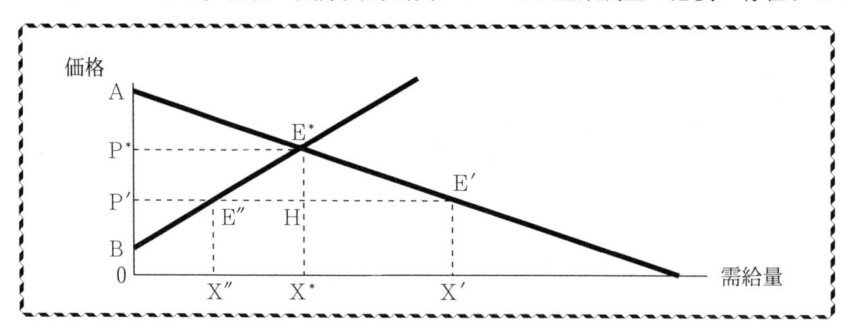

場合には，緊急避難的にその産業を保護することが認められている。これを，**緊急輸入制限措置（セーフガード）**と言う。

3．財政収入を得るという根拠はどのようなものか

関税収入は政府の財源であるから，関税収入が大きければ大きいほど，財政は潤うことになる。しかし経済利益に与える効果を考えると，既に見たように関税賦課は好ましいものではないから，財源を得るという根拠は，一国の経済利益という立場から見ると希薄になる。同じ財源を得るということであるならば貿易関税（**間接税**）よりも所得税（**直接税**）の方が好ましい。その理由は，直接税は関税賦課の場合とは異なり，国内価格を引き上げることがなく，経済効率上の歪み（**ディストーション**）を作らないからである。従って，税金を所得税で徴収し，貿易は自由にすれば，自由貿易の利益がまるまる国民の手元に残ることになる。

現実問題として，関税収入を財源にするという議論は発展途上国によく見られるもので，これらの国では所得税などの直接税や消費税などの間接税を正確に徴収するための税務行政能力が不足しているため，財政を徴収しやすい関税収入に依存するという構造になっている。また，そうした税務行政能力の欠如こそ，発展途上国の証であるとも言える。実際，これらの国における輸入品は，一部の高所得者にしか購入できないような贅沢品が多く，先進国からの輸入品で占められている。

また所得税を賦課するほどには国民全体の所得水準が高くなく，法人所得も取るに足らず，従って国民の担税能力に限界があり，しかも徴税システムのインフラが整備されていないような状況では短期的には税務署員の教育費用，徴税のための人件費，税務署の設備，徴税システムの構築・整備などの徴税コストの方が税収をはるかに上回るという現実がある。しかしこれは，あくまでも税務行政能力の問題であって，貿易に関する経済利益の善し悪しの問題ではない。

すなわち，国際経済学的には，財政収入を得るために関税を賦課するという

根拠は，貿易に関する限り誤りである。政策上の慣行は，いずれもそれなりの根拠のあるものではあるが，徴税上の問題と貿易の利益の問題は別問題であり，両者を同一の次元で論じてはならない。

4．国防上の根拠とはどのようなものか

国防上の目的から，農業や軍需産業を保護するという議論がよく行われる。農業保護の根拠は万一戦争状態に陥ったとき，農業生産が急速には拡大しないことから，国民が餓死する可能性があるというものである。またかりに，農業生産の自給自足を行うとすれば，それはちょうど輸入禁止の場合と同じであり，閉鎖経済がこれに該当する。このとき自由貿易の利益が失われることは自明のことである。この損失を国民全員が安全保障のコストとして認めるのであれば，これは貿易に関する経済利益以外の問題となる。

しかし一方で，そのコストと同じ金額を国連活動や海外援助等のような平和維持の為に使用し，他方で貿易自由化は行うという考え方も成立し得る。どちらがいいかは国民の選択すなわち政治の問題であり，国際経済学の範囲内では明確な結論を導くことはできない。

日本の場合は，多くの天然資源や食糧品を外国に依存しており，自給自足では1億2,000万人の国民を養って行くことは不可能である。かりに餓死だけは免れるとしても耕作に適していない効率の悪い土地を使用して食糧を生産し，そのために多くの労働者を農業に投入することにより現在生産している工業製品の多くが生産不可能となり，経済厚生水準が劇的に低下することは明らかである。　戦争状態を想定して特定の産業を保護するという根拠は戦争状態そのものが日本経済を壊滅的な状態に陥れるため，保護の根拠としては希薄なものとなる。むしろ，日本のような国は国家戦略としては戦争状態に陥らないためにはどうしたら良いかを貿易政策の根拠とすべきである。

外交政策上のカードとして産業を保護するべきであるという議論は国際政治学においては，1つの戦略として頻繁に取り上げられるが，国際経済学の立場からは，日本のような通商国家は世界中の国々と貿易を通じて経済活動の相互

依存関係を深化させ，戦争が惹起されるような状態や国家間の政治的な対立によって，日本との通商関係のあるすべての国が，この関係を損なうことによって甚大な経済的不利益を被るような国際貿易システムを構築することが，国防上最も効率的であると考えられる。

第4章

貿易構造はどのような要因によって決定されるのか

　第3章では，各国の生産条件を所与として貿易がどのように決定され，貿易政策によって経済厚生がどのように変化するかを見てきた。貿易が行われる前の生産条件の差によって貿易の方向が決まり，どの財が輸出され，どの財が輸入されるかが決定する。これによって，一国の貿易構造が決まるのである。

　一般的に，貿易構造は国によって異なるし，また同じ国でも時間の経過につれて変化していく。そこで，ある国のある時点の貿易構造はどのような要因によって決定されるのであろうか。以下では，このことについて理論的に考えてみよう。

第1節　比較生産費説とは何か

1．どのような前提で議論するのか

　現実の貿易は多くの国の間で行われ，また商品の数も多い。しかしここでは議論の筋道を明らかにするために，話を単純化しよう。まず貿易を行っているのは日本とアメリカの2カ国であり，貿易される商品は，小麦と自動車の2財だけとしよう。また，これらの商品の生産には多くの生産要素が使用される。例えば，資本や土地，および労働などが生産要素として考えられる。しかし，ここでは生産要素は労働のみと考えよう。あるいは，他の生産要素の重要度は労働と比較するときわめて小さいと考えてもよい。つまり小麦も自動車も労働だけを使用して生産されると考えるのである。

　次に貿易を行う場合，各商品の費用が重要となる。費用に関しては，様々な構成項目が一般的には存在するが，生産要素は労働だけと考えているので費用も労働費用のみとなる。更に，商品を1単位生産するために必要となる労働が生産量の大きさに関係なく，いつも一定であると仮定すれば，1単位生産する

ために必要となる費用，つまり平均費用も一定となるだろう。要するに，大量生産による平均費用の低下はないと考えよう。更に，売買されるときの価格は平均費用にほぼ等しいとしよう。つまり，価格が平均費用よりもかなり大きくなるような状況はないと仮定するのである。このような状況は，生産者が競争しているときにあてはまる。つまり，競争する企業が存在する場合には，あまり大きな平均利潤（＝価格－平均費用）は得られないのが一般的である。

さて，以上の前提とその他の前提を箇条書きにして，まとめよう。
① 貿易をしているのは日本とアメリカの2カ国だけである。
② 生産され貿易される商品は小麦と自動車の2財だけである。
③ 生産者は競争的で価格と平均費用はほぼ等しい。
④ 労働は国内では自由に移動するが，日米間では全く移動しない。
⑤ 貿易制限は全く存在せず，1単位当たりの輸送費は無視できる。
⑥ 輸出額と輸入額は常に等しい。つまり貿易収支は均衡している。
⑦ 日本もアメリカもともに，自動車も小麦も生産することができる。
⑧ 生産要素は労働だけで，生産量1単位当たりの生産費は一定である。
⑨ 貿易前の日米の小麦と自動車の比較生産費すなわち両財の平均費用の比率（小麦の平均費用÷自動車の平均費用）は異なる。

要するに，①〜⑧の前提は両国に共通であるが，⑨の前提だけが異なるのである。この前提を具体的に数値例で示してみよう。この数値例は仮設的ではあるが，これによると自動車も小麦もともにアメリカの方がより少ない労働で生産できることになっている。

生産物1単位当たり労働投入量（1日）

	自動車（1台）	小麦（1トン）
日　本	100人	120人
アメリカ	90人	80人

現実がどうであるかということはともかくとして，少なくともこの数値では，アメリカは日本よりいずれの商品についても**労働生産性**（labor productivity）が高くなっており，その意味では日本よりも進んだ国であることになる。

2．どのような命題を導出するのか

比較生産費説を初めて説いたリカード（D. Ricado）が言おうとしていたことは，貿易の利益と貿易パターンの決定であった。貿易の利益についてはより一般的なケースについて第3章でふれたので，ここでは議論しない。貿易パターンの決定については，次のような命題（**比較生産費の原理**）が提示される。

> （命題）両国は，比較優位のある商品を輸出する。

ここで言う**比較優位**（comparative advantage）とは比較生産費の低いことであり，比較生産費とは各国の相対的な各財についての生産費の比率のことである。これを前表の数値例に基づいて，具体的に計算してみよう。まず，ここで言う生産費とは先の平均費用であり，先の仮定⑧より，生産要素は労働だけであるから費用の中身は賃金費用だけである。そこで，両国の各財の生産費は，

$$賃金 \times 労働投入量 = 絶対生産費$$

となる。ここで言う**絶対生産費**（absolute cost）とは各国通貨表示の金額のことである。いま日本の労働者1人当たりの1日の賃金を1万円，アメリカのそれを100ドルとして前出の表をもとにして絶対生産費を求めると以下のようになる。

生産物1単位当たり絶対生産費（平均費用）

	自動車（1台）	小麦（1トン）
日　　本	100万円	120万円
アメリカ	9,000ドル	8,000ドル

比較生産費は自動車を基準としてもまた小麦を基準としても求めることができる。自動車の比較生産費と言った場合は小麦の絶対生産費の何倍に当たるか，同様に小麦の比較生産費と言った場合は自動車の絶対生産費の何倍に当たるかということを意味する。そこで上表をもとにして比較生産費を計算してみよう。

自動車の比較生産費	日　　本	100万円÷120万円＝5／6
	アメリカ	9,000ドル÷8,000ドル＝9／8
小麦の比較生産費	日　　本	120万円÷100万円＝6／5
	アメリカ	8,000ドル÷9,000ドル＝8／9

このように各財の比較生産費(comparative cost)は他の財ではかった生産費を意味するのである。従って，各国における自動車の比較生産費は，小麦の比較生産費の逆数になっている。ここで数値例によると，自動車については，

$$5／6＜9／8$$

であるから，国内においては日本の自動車の方がアメリカのそれよりも相対的に安い。つまり日本は自動車に比較優位を持ち，アメリカは自動車に比較劣位を持っていることになる。一方，小麦については，逆に，

$$6／5＞8／9$$

であるから，日本の小麦の方がアメリカのそれよりも相対的に高い。つまり，アメリカは小麦に比較優位を持ち，日本は小麦に比較劣位を持っているということになる。従って先の命題により，日本は自動車を輸出し，アメリカは小麦を輸出するという結論が導かれる。

いずれにしても，比較生産費の構造は，国によっても異なるし，同じ国でも時代によって異なるだろう。このような相違はこの理論から比較生産費構造（産業別の労働生産性の格差）の変化によって説明されることになる。例えば，1950年代においては，繊維製品の比較生産費が機械機器よりも安かったが，労

働生産性の伸び率が繊維品よりも機械機器の方が高かったので，両者の労働生産性が逆転し，1970年代以降には逆に，機械機器の比較生産費が繊維製品よりも安くなったとすれば，国際貿易構造の推移に見られるように，日本の輸出構造は1950年代は繊維製品が主力であり，1970年代以降は機械機器が主力となったことが説明できる。

　それでは，この命題はどのように証明されるのであろうか。次に，これを論じてみよう。

3．どのように命題を証明するのか

　ある国がある財を輸出するかどうかは，価格で決まる。つまり，その国において安いものが輸出され，高いものが輸入される。ただ，国が異なると通貨が異なるので，為替レートを考慮しないと両国の価格を比較することはできない。そこで今，4種類の為替レートを想定して，アメリカの価格（生産費）がどうなるかを計算し，日本の価格（生産費）と比較してみよう。

	自　動　車(万円)	小　　麦(万円)	為替レート(1ドル)
アメリカ	90　（＝9,000×100） 99.9（＝9,000×111） 108　（＝9,000×120） 135　（＝9,000×150） 162　（＝9,000×180）	80　（＝8,000×100） 88.8（＝8,000×111） 96　（＝8,000×120） 120　（＝8,000×150） 144　（＝8,000×180）	100円 111円 120円 150円 180円
日本	100	120	

　この表からわかるように，1ドル＝100円，のレートでは両財ともアメリカの方が安くなり，両財とも日本に輸出されることになる。しかしこのような事態は長くは続かない。というのは日本がアメリカから両財を輸入する場合，ド

ルを手に入れなければならないが，日本はアメリカに輸出していないからドルが手に入らないからである。アメリカが日本にドルを売る可能性も考えられるが，アメリカは日本から輸入していないのだから，円を手に入れる必要が全くない。このとき，ドル不足が生じ，第２章で詳しく見たように，ドルの相場が上昇することになる。

　１ドル＝180円，のレートでは逆のことが起こる。すなわち，日本が両財とも安価になるため輸出することになり，円不足が生じ，この場合はドルの相場が下落することになる。いずれにしても一方的な輸出や一方的な輸入は現実問題としても起こり得ない。前出の仮定⑥は，このようなことを想定しておかれたものである。

　さて以上のことを考慮すると，為替レートが，１ドル＝111円，のとき日米の自動車価格が等しくなり，１ドル＝150円，のとき小麦の価格が等しくなるので，１ドル＝111円〜150円，の間にあれば，両国がともに輸出入を行うことが可能になる。従って為替レートは，この111円〜150円の幅のどこかで，輸出入金額の等しい水準に決定するはずである。このとき自動車の価格は日本の方が安く，小麦の価格はアメリカの方が安いということになる。かくして日本が自動車を輸出し，アメリカが小麦を輸出するという貿易パターン（trade pattern）が証明された。

　比較生産費説の命題はこのような貿易パターンの決定のエッセンスを述べているのである。このエッセンスをもう一度確認してみよう。まず為替レートが，１ドル＝120円，とするとアメリカの各財の価格は次のようになる。

　　　　自動車の価格＝9,000ドル×120円／ドル＝108万円
　　　　小　麦の価格＝8,000ドル×120円／ドル＝　96万円

従って自動車は日本の100万円よりも高く，小麦は日本の120万円よりも安くなる。ところで各財価格の導出の内訳を見てみると，このような価格差は比較生産費差に求められることがわかる。つまり，

アメリカ	自動車の価格＝90人×<u>100ドル×120円／ドル</u>＝108万円 小　麦の価格＝80人×<u>100ドル×120円／ドル</u>＝ 96万円
日　本	自動車の価格＝100人×<u>1万円</u>＝100万円 小　麦の価格＝120人×<u>1万円</u>＝120万円

において，下線部分は両国内においてそれぞれ各財について共通であるから，価格差をもたらしている根源的な要因は，生産物1単位当たりの労働投入量，すなわち**労働投入係数**（labor input coefficient）にあることがわかる。前出の比較生産費説の命題が，この労働投入量の比率に基づいて，比較優位を求め，論じられていることは，既に見た通りである。

第2節　要素賦存説とは何か

前節では比較生産費差が貿易の方向を決めることを論じた。それでは，そのような比較生産費差は一体どのようにして生ずるのであろうか。比較生産費説では技術や自然条件の差であると論じているが，ここではそれを，生産要素の存在量，つまり**賦存量**（endowment）に求めるのである。

1．どのような前提で論ずるのか

前節の①〜⑦の前提は，そのままここでもおかれる。⑧⑨のかわりに，新しく追加される主な前提は以下のものである。

⑩ 生産要素は，資本と労働の2種類である。
⑪ 両国の生産要素は，ほぼ同質で，生産技術も大体同じである。
⑫ 各財の**生産要素集約性**（factor intensity）は異なる。
⑬ 生産要素の**賦存比率**は両国で異なる。
⑭ 価格比が同一ならば，両国の各財の消費量の比も同一になる。

さて次に，これらの前提の持つ意味を簡単に説明しよう。

仮定⑩は生産要素が資本と労働の2種類しかないことを前提している。ここでは資本と労働以外のすべての生産要素は無視してしまう。

仮定⑪は日本とアメリカの資本と労働の質が全く同じであることを前提している。実際には，日米の労働意欲の相違などよく論じられるが，ここではほぼ等しいと考える。また生産技術が等しいという前提は，例えば両国の生産技術に関する情報の交換が盛んで，あまり差がないという意味である。

仮定⑫は各財の生産要素集約性が同一ではないという前提で，ここでは小麦は**労働集約財**（labor intensive goods）であり，自動車は**資本集約財**（capital intensive goods）と仮定しよう。ここで言う労働集約財とか資本集約財という用語の持つ意味は具体的に言うと以下のように説明される。

いま，各財を1単位生産するために必要となる各要素の投入量（**投入係数**）は，次の数値で示されるものとしよう。

生産物1単位当たりの生産要素投入量（1日）

	自動車（1台）	小麦（1トン）
労　働 資　本	100人 120単位	90人 80単位

仮定⑪から両国で生産技術が同一であれば，生産要素報酬率，つまり賃金率や利子率の比率が，ほぼ等しいとすれば，上表の数値も大体同じものになると考えられる。このとき，自動車は資本集約財，小麦は労働集約財と呼ばれる。上表の数値例によれば，自動車の1台の生産に投入される生産要素は，労働も資本もともに小麦より絶対量では多くなっている。しかし，労働1人当たりの資本量，あるいは資本1単位当たりの労働量で見ると，以下の関係にあることがわかる。

	労働1人当たりの資本量	資本1単位当たりの労働量
自動車	120÷100＝6／5＞1	100÷120＝5／6＜1
小　麦	80÷90＝8／9＜1	90÷80＝9／8＞1

つまり労働1人当たりの資本量は自動車の方が大きく，資本1単位当たりの労働量は小麦の方が大きいということである。一般的に，

$$\frac{A財の労働投入量}{A財の資本投入量} > \frac{B財の労働投入量}{B財の資本投入量}$$

という関係のあるときA財は**労働集約財**，B財は**資本集約財**と呼ばれる。上の数値例ではA財が小麦，B財が自動車ということになる。こうした財の集約性の定義は，生産要素投入量の絶対量ではなく相対量である点に注意を要する。

　仮定⑬は，各国の**要素賦存**（factor endowment）状況が異なることを前提している。次に，これも簡単な数値例で，具体的にどのようなことを言っているのか見てみよう。

生産要素賦存状況

	労働賦存量	資本賦存量
日　本	8千万人	9千万単位
アメリカ	1億2千万人	1億単位

　この数値例では労働と資本いずれもアメリカの方が多くなっている。しかし，この数値例から日本は**資本豊富国**（capital abundant），アメリカは**労働豊富国**（labor abundant）と呼ばれる。こうした呼び方は，生産要素賦存の絶対量ではなく，相対量に基づくものである。つまり各生産要素1単位に対応する他の要素の量を比較してみると以下のようになることから，そう言うのである。

第4章 貿易構造はどのような要因によって決定されるのか 155

	労働賦存量1単位当たりの資本賦存量
日　　本 アメリカ	9千万÷　8千万＝9／8＞1 1億　÷1億2千万＝5／6＜1

	資本賦存量1単位当たりの労働賦存量
日　　本 アメリカ	8千万÷9千万＝8／9＜1 1億2千万÷1億　＝6／5＞1

　このように，労働賦存量1単位当たりの資本賦存量では日本の方が大きく，資本賦存量1単位当たりの労働賦存量ではアメリカの方が大きくなっている。何要素豊富国であるかは，こうして相対量で見るのである。一般的に，

$$\frac{第1国の労働賦存量}{第1国の資本賦存量} > \frac{第2国の労働賦存量}{第2国の資本賦存量}$$

という関係のあるとき，第1国は労働豊富国，第2国は資本豊富国と呼ぶ。

2．どのような命題を導出するのか

　要素賦存説を初めて説いたヘクシャー（E. Heckscher）とオリーン（B.Ohlin）が言おうとしたことは，貿易パターンの決定が相対的な要素賦存比率によって行われるということであった。この命題はこの2人の経済学者の名前にちなんで，ヘクシャー＝オリーン定理（Heckscher＝Ohlin Theorem）とも呼ばれる。

> （命題）各国は，その国に相対的に豊富に賦存する生産要素を集約的に用いる生産物に比較優位をもち，輸出する。

　比較生産費説では2国間の生産費格差を前提とし，比較優位の原因を説明し

ていなかったが，この命題ではその説明が与えられている。先に示した仮設的な数値例で言うと，日本では資本が相対的に豊富に賦存する生産要素であり，自動車はその資本を集約的に用いる生産物であった。従ってこの命題から日本は自動車を輸出することになる。一方，アメリカでは労働が相対的に豊富に賦存する生産要素であり，小麦はその労働を集約的に用いる生産物であった。従ってこの命題からアメリカは小麦を輸出することになる。

つまり，一般的に資本豊富国は相対的に豊富に存在する資本を相対的により多く用いる資本集約財を相対的に安く生産できるので，その財の生産に比較優位を持ち，その財を輸出し，一方労働豊富国は相対的に豊富に存在する労働を相対的により多く用いる労働集約財を相対的に安く生産できるので，その財の生産に比較優位を持ち，その財を輸出するということをこの命題は述べている。

従って，この命題を日本の商品類別貿易構造の長期的な変化にあてはめてみると，第二次世界大戦直後の日本の主要な輸出品が，雑貨類や繊維製品等の労働集約財であったのは，この頃の日本が相対的に労働豊富国であったからであり，やがて自動車や機械機器等の資本集約財が日本の輸出品の主力となってきたのは，世界的に極めて高い貯蓄率を背景に，日本の資本蓄積が他の世界の国々よりも急速に進み，日本が相対的に資本豊富国になったからである，と説明される。

3．どのように命題を証明するのか

それでは，なぜ資本豊富国が資本集約財に比較優位を持ち，逆に労働豊富国が労働集約財に比較優位を持つのであろうか。以下では，これについて説明してみよう。

まず，一般的に相対的に豊富に存在する生産要素ほどその報酬が低く，逆に相対的に希少に存在する生産要素ほどその報酬が高い，ということが言える。例えば，発展途上国の賃金水準は日本と比較するといずれの国も低水準である。これは，発展途上国では資本という生産要素と比較すると相対的に労働が日本よりは豊富だからである。一方，日本の労働者の賃金が発展途上国のそれより

も高いのは，日本では資本という生産要素と比較すると，相対的に労働が発展途上国よりも希少であるからである。同様に発展途上国の利子率は日本と比較するといずれの国も高水準である。これは発展途上国では労働という生産要素と比較すると相対的に資本が日本よりは希少だからである。一方日本の利子率が発展途上国のそれよりも低いのは日本では労働という生産要素と比較すると，相対的に資本が発展途上国よりも豊富であるからである。このように，相対的に豊富な生産要素の価格（要素報酬率）は安く，逆に，希少な生産要素の価格は高いということが言える。

そこで，前述の数値例にそくして説明すると，日本は資本豊富国であるから相対的に資本の価格（利子率）が安く，その安い資本を集約的に用いて生産される自動車はアメリカよりも相対的に安く生産されることになる。一方アメリカは労働豊富国であるから相対的に労働の価格（賃金率）が安く，その安い労働を集約的に用いて生産される小麦は，日本よりも相対的に安く生産されることになる。これが比較優位の原因となる。

また，歴史的にはかつて日本は労働豊富国であったため，その労働を集約的に使用して生産される軽工業品（繊維製品など）に比較優位を持っていたが，やがて資本蓄積が進み資本豊富国になると，その資本を集約的に使用して生産される重化学工業品（自動車など）に比較優位を持つようになったと説明される。

第3節　その他にどのような要因があるのか

第2節では，生産要素の賦存状況のみが貿易パターンの決定要因であることを述べた。しかし，この考え方は生産面のみをあまりに重視するものである。比較優位構造（相対価格比）は生産面のみならず，需要面からの影響も受ける。例えば北アメリカから日本に対して数の子が輸出されるが，これはアメリカ人やカナダ人が数の子を食べる習慣がないため，北アメリカにはその需要がなく，従って価格がほとんどゼロに近くなるため，北アメリカの数の子の生産に比較

優位を持っているからである。このように一般的にその国において相対的に需要が少ない場合，その財の相対価格が下落するため，その財に比較優位を持ち，輸出することになる。逆に，その国において相対的に需要が多い場合，その財の相対価格が上昇するため，その財に比較劣位を持ち，輸入することになる。

また，第2節の議論では，各国が同じような技術で生産を行うと考えたが，技術進歩の激しい現代では，短期的には必ずしも同じ技術であるとは言えない。例えば自動車の生産において日本のメーカーは早くから多くの産業用ロボットを使用してきたが，アメリカではかつてそれほど多くは使用していなかった。近年になって，アメリカの自動車メーカーも産業用ロボットの大量導入を行うようになったので，やがては日本と同じような生産技術になるものと思われる。逆に，現代のような情報化社会においてはインターネットなどを通じて世界中の情報が瞬時に伝播するので，生産技術は格差が生じると，すぐにその格差を是正するような傾向が存在するとも言える。従って，技術進歩が間断なく行われているような産業においては，生産技術の格差が国際間で存在するが，技術進歩が緩やかに行われるような産業においては，生産技術の格差は即座に埋められるため国際間であまり存在しないと言える。前節ではまた，このような時間の経過を考慮して，時間の経過とともに貿易パターンがどのように変化して行くか，ということにも全く触れていなかった。

以下では，前節で議論しなかったこうしたその他の考え方について見て行くことにする。

1．規模の経済性でどのように説明されるか

今日多くの生産物について規模の経済性（scale economy：大量生産の利益）の存在が認められている。規模の経済性とは生産量が多くなればなるほど，平均費用が低下するということを意味する。つまり，生産の規模が大きくなればなるほど，生産物1単位当たりのコストが安くなるということである。例えば，自動車を少量生産する場合，高級乗用車のように，殆どの生産工程は手造りにならざるを得ない。従って，1台当たりの労働投入時間は大きくなり，人件費

が嵩むことになる。高級スポーツカーやロールス・ロイスが高額になるのは，少量注文生産のためである。逆に，トヨタのカローラや日産のサニーが割安であったのは，大量見込み生産のためである。これは大量生産によって労働者の徹底した専門化や分業が可能となり，またオートメーション化によってコストの低下が可能となるためである。こうした規模の経済性はほとんどの工業製品について見られ，特に大規模装置型の産業，例えば重化学工業において規模の経済性は極めて大きい。

　このような規模の経済性が存在する製品の場合，大量生産を行っている国がその生産物について比較優位を持つことになる。従って，規模の経済性が認められる生産物については，日本やアメリカなどの国内市場の大きい大国が比較優位を持つ傾向がある。逆に，シンガポール，ベルギー，ルクセンブルグなどの国内市場の小さい小国は規模の経済性が存在する製品に比較優位を持つことが困難となる。例えば，国内市場の小さな国では自動車産業は一般的に存立し得ない。ただし，最初から国際市場での販売を計画している場合には，小国であっても比較優位を持つことは可能である。例えば，韓国の鉄鋼産業や自動車産業はかつての日本がそうであったように，最初から輸出することを想定して設置された産業である。しかし，このように輸出を想定した産業の場合，国内の市場が小さいと，輸出比率（＝輸出／生産）が高くなるため，国際市場の変動を直接受けるため，産業としての安定性に問題を持つことになる。大国の場合は国内市場が大きいため，このような問題は存在しない。しかし，逆に安定性があるがために，アメリカのように輸出努力に欠けるという問題もある。

2．プロダクト・サイクル説とはどのようなものか

　商品別貿易統計を見ると，長い期間では，日本の貿易構造は変化している。産業別に観察すると，それは大きなうねりを示しており，要素賦存説で説明できることは前節で見た通りである。しかし，商品別に細かく貿易の変化を見てみると，同じ産業に属する商品が，すべて同じ動きを示しているとは限らない。例えば家庭用ビデオテープレコーダーが輸出品として急激な成長を示したとき，

カラーテレビは衰退の一途を辿っていた。これらはいずれも家庭用電器(家電)産業に属する商品である。

プロダクト・サイクル（product cycle）は，1つの商品が歴史的にどのような貿易パターンの変遷を辿るかということを説明するのに適している。ここでは，集積回路（IC：integrated circuit）の貿易について見てみよう。集積回路の生産の基本技術が確立されたのは，アメリカにおいてである。従って，当初日本はアメリカからICを輸入していた。しかし，やがて日本において，生産工程の技術革新（process innovation）が起こり，ICを最も安く生産する技術が確立し，今度は日本がアメリカに輸出するようになって来た。このように最も効率的な生産工程が確立すると，それ以降のコスト低減努力は人件費に向けられるようになり，やがて生産拠点は日本より人件費の安い韓国や台湾に移されていく。一方で需要も時の経過とともに定着し，更に増大し，確立した生産技術のもとで大量生産によるコスト削減を可能にする。こうして，需要の拡大と大量生産が同時に進行しながら，次第に生産拠点がより有利な立地へと移動していく，というのがプロダクト・サイクルという考え方である。

この考え方に従うと，ある商品のサイクルは，その商品の開発国において，開発→国内生産→輸出→海外生産→逆輸入，というパターンになる。それ以外の国においては，輸入→輸入代替→輸出→海外生産→逆輸入，というパターンになり，このパターンが更により人件費の安い第3国に引き継がれる。

第二次世界大戦後に登場した小型の新製品の多くは，この考え方で大体説明することができる。その代表的な製品としてトランジスターラジオやテレビ等があげられる。

3. 雁行形態論とはどのようなものか

現実の貿易においては貿易政策が貿易構造に影響を与えることが少なくない。最も顕著な政策は**輸入代替政策**である。輸入代替政策とは輸入を制限し，その製品を国内で生産することである。かつての日本や現在の多くの発展途上国において，この政策がとられている。このような政策がとられるのは基本的には

産業別の発展段階の異なる国々が現実の世界経済に共存しているからである。発展段階の遅れている国々は生産技術の面において先進国と同じ水準にはなく，一般的に輸入制限をしない限り，自国の幼稚産業を育成することは困難である。要素賦存説では，技術水準の似た2国を想定したが，現実の国際経済においては必ずしも貿易の当事者の技術は同一レベルにはない。このような貿易状況を背景にして貿易政策に絡めて考えるのが，雁行形態論である。

　雁行形態論とは産業別の輸入，生産，輸出の時間的な変化を示したグラフが，雁の飛行する姿に似ているところから名付けられたもので，日本の場合，多くの産業の歴史的発展がこの考え方で説明される。例えば，古くは繊維，造船，鉄鋼等の産業，特に戦後の産業としては自動車，家庭用電気機器，機械等，更に最近の例としては，IC，コンピューター等のエレクトロニクス関係の産業があげられる。

　こうした産業はまず最初に，より発展段階の高い国からの輸入の増加を示す。つぎに，この輸入が輸入代替政策により，次第に国内生産によって代替され，輸入が減少し，国内生産が増大する。やがて，国内生産は国内需要を上回り，輸出が増大していく。このようにして，当初の**輸入競争産業**は，輸入代替政策を通して次第に輸出産業へと発展して行き，このパターンが更に次の発展段階にある国へ波及して行くという考え方が，雁行形態論と呼ばれるものである。

　このように時間の経過とともに輸入・国内生産・輸出が変化して行くという発想自体はプロダクト・サイクル論と同様である。両者の議論の最大の違いは，それが商品レベルか産業レベルかという点にある。また，雁行形態論には海外生産の視点がなく，プロダクト・サイクル論には貿易政策の視点がないという相違がある。

4．**需要の類似性**でどのように説明されるか

　戦後の世界貿易の成長は，工業製品と一次産品の間の貿易の拡大という形態をとらなかった。各国が比較優位のある産業（例えば，製造業と農業）に特化し，その産業の輸出をともに同じテンポで拡大するというパターンは現実には

観察されず、実際には先進国間の工業製品貿易の拡大の方が先進国と発展途上国の工業製品と一次産品の貿易の拡大よりも、はるかに急速であった。また、近年自動車や家電製品などについて同一産業内の同一商品グループ間の**水平貿易**も拡大している。こうした現象は、比較生産費説や要素賦存説で説明することは困難である。

　例えば、日本と中国の工業製品貿易は地理的に隣接しているにもかかわらず日本とアメリカの工業製品貿易ほど巨額ではない。1つには、国の経済規模が中国とアメリカでは異なるということもあるが、そればかりではなく所得水準の格差も原因として考えられる。日本とアメリカの1人当たり所得水準はほぼ同一であるが、中国のそれは両国の10分の1ほどである。従って日本とアメリカの工業製品の需要の中心がテレビなら大型カラーテレビ、自動車なら3,000cc前後、冷蔵庫なら大型のフリーザー・解凍機能付きとするならば、中国のそれらは小型カラーテレビ、1,500cc前後の自動車、小型冷蔵庫が中心ということになる。各国内の産業は国内需要を基盤として大量生産を行っているから、当然そのような製品に比較優位を持ち、輸出するわけであるが、相手国にそれに対する需要が少なければ輸出も少なくなるのが道理である。

　その国の所得水準に対応した、こうした需要を**代表的需要**（representative demand）と言う。ヨーロッパにおける国民1人当たりの貿易水準の高さは文化的な類似性の他に、産業・商品別の各国の代表的需要が、所得水準がほぼ等しいことから極めて類似していることで説明される。

　このように需要構造が類似していればいるほど、それだけ貿易の可能性も大きくなる。先進国間の貿易が、特に欧州において戦後最も急速に成長した理由の1つは、需要の類似性にあるというのがこの考え方である。これを**リンダー**(Linder)**仮説**と言う。

5．入手可能性でどのように説明されるか

　ここまで様々な考え方を見てきたが、**入手可能性**（availability）で説明するのが最も単純明快である。例えば日本が石油を輸入しているのは、石油が国

内で入手可能でないからであり，サウジアラビアが工業製品を輸入しているのは，それを生産する技術者，熟練労働者，経営者，生産設備等が国内で入手可能でないからである。このように国内で入手可能でない商品を輸入し，入手可能な商品を輸出するというのが，この考え方である。

あるいは，特殊な生産技術が特定の国にしかないのであれば，その国がその生産技術を用いた製品の輸出国となる。またブランド品等も他の国がブランド自体を入手することができないため，同様に考えることができる。

しかしながら，このような考え方はあまりに単純すぎる。というのはかりに石油価格が現在の10倍になったとすれば，日本は石油の輸入をやめ，天然ガスや石炭やウランを輸入するようになるだろうと思われるからである。

また，日本は大量の農産物を輸入しているが，それらのほとんどは日本でも入手可能なものである。熱帯性作物は生産コストがかなり高くつくが，温室やビニールハウスで栽培可能であるし，小麦や大豆も外国価格より高いが，国内でも生産されている。

国内では入手可能でない生産要素も同様で，技術者，熟練労働者，経営者等は国際移動によって他の国においても入手可能となることはありうるし，生産設備や生産技術などについても，直接投資などで国際間で移転することはよく見られる現象である。

このように入手可能性による説明は，入手可能でない製品の生産コストが，極めて高くつくために，その製品の輸入国では生産されないと考えれば，既出の比較優位概念で十分置き換えることができる。

第5章

国際投資はどのようにして行われるか

第1節 開放経済において国際投資はどのようにして行われるか

1. 国際投資はなぜ行われるか

為替リスクが存在するにもかかわらず，国内投資ではなく，国際投資が行われる主な理由は5つほどある。

① **為替差益**：為替リスクは，常に為替差損をもたらすとは限らない。1ドルの価値が将来上昇すれば，逆に為替差益が得られる。投資国の通貨価値が上昇すると予想される場合，その通貨に対して国際投資が行われる。

② **金利差**：為替差益がゼロであるとしても，国内金利よりも海外金利のほうが高ければ，海外に投資をすることにより金利差を得ることができる。特に，固定為替相場制であれば，高金利国に対して必ず国際投資が行われる。

③ **国内経営資源の活用**：海外には存在しない経営資源（マネージメントや経営組織など）が国内にあるとすれば，その経営資源を海外で活用することにより，国内のみならず，海外でもその経営資源に対する報酬を得ることができるため，直接投資が行われる。

④ **海外生産の利益**：貿易を行っている場合，海外で生産すれば輸送費や関税等を節約できる。また海外で生産することにより海外市場の詳細な情報を素早く入手し，ビジネスチャンスに結びつけることが可能となる。あるいは，現地従業員の労働コストや部品調達コスト，水道・電力・地代・家賃・租税などの**インフラ・コスト**が自国よりも安価であれば，同じ生産物をより安く生産することができるため，直接投資が行われる。

⑤ **キャピタルゲイン**：為替差益や金利差がなくても，値上がりを期待できる有価証券（株等）や不動産（土地や建物等）を購入するという形で海外投資

を行うと将来売却することにより**資本利得（キャピタルゲイン）**を得ることができる。

2．鎖国状態における利子率はどのように決まるか

ここでは**限界生産力説**を用いて，国際資本移動を考える。

まず資本の限界生産力の逓減を仮定する。この仮定は資本量の増加につれて資本の限界生産力（追加資本の生産力）が次第に小さくなることを意味し，原点を 0 として，自国の資本の限界生産力を縦軸にとり，資本量を横軸にとる下図において，自国の資本の限界生産力曲線はABのように右下がりに描かれる。

最初に自国が小国の場合について考えてみよう。**小国の仮定**の意味するところは，この国が国際的な利子率を変更させることができないということである。例えば，自国の資本賦存量が横軸の0Kで，これがすべて使用されているとしよう。この資本が（図示されていない）労働とともに自国の生産活動に投入されている**完全競争経済**を仮定すると，生産者の**利潤極大の均衡条件**より，

資本の限界生産力＝(実質)利子率

という関係が成立するため，国際資本取引のない経済において，資本の需要と資本の供給（0K）が等しい均衡状態では自国の利子率は，下図において，

　　0C＝EK

の水準に決まる。

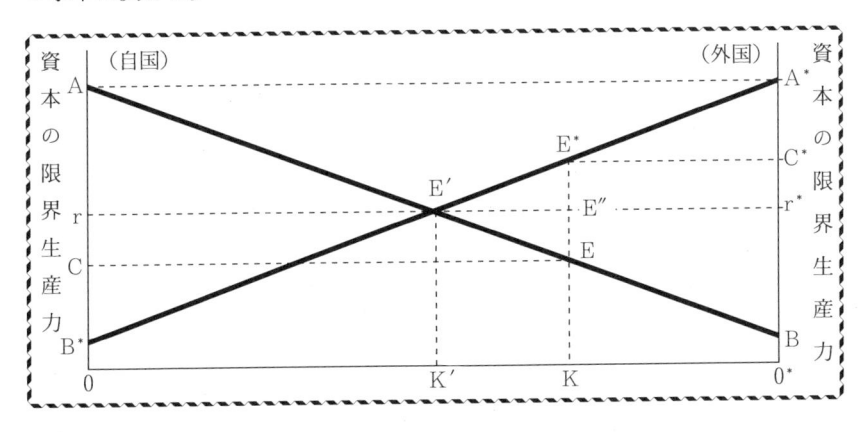

3. 資本自由化の利益はどのように示されるか

国際利子率がかりに，

$$r = E'K',$$

の水準に与えられたとすると，資本所有者は資本を世界市場で運用した方が有利になるから，国際投資を行うことになる。その量は，国内の資本の限界生産力と国際利子率rが等しくなるKK'に等しい。

次に，自国が大国の場合について考察しよう。自国以外の世界を外国とし，その資本の限界生産力曲線A^*B^*の原点を0^*とし，当初の資本賦存量を0^*Kとする。資本移動のない状態では，外国の利子率は$C^* = E^*K$の高さにある。従って，資本移動が開始されれば，自国から外国へ資本が流出し，その動きはAB線とA^*B^*線の交点E'でやみ，両国内における利子率は，

$$r = r^* = E'K',$$

の水準で等しくなる。

まず，生産活動は資本と労働の2つの生産要素の投入によって行われているとしよう。資本移動前の自国の生産水準は，資本の限界生産力曲線の下の面積，AEK0で示され，このうち資本の受取（要素報酬）は，利子率と資本量の積，

$$0C \times 0K = CEK0$$

であり，労働の受取（要素報酬）は残りの

$$AEK0 - CEK0 = AEC$$

となる。この大きさはKK'の資本移動によって，国内生産水準はAE'K'0へEKK'Eだけ減少し，内外資本全体の受取は，rE(iv)ECだけ増加し，労働の受取は，AE'rへrE'ECだけ減少する。このように国内所得は減少するが，生産要素全体の受取である自国の国民所得は，EE'E(iv)だけ増加する。

外国の場合も同様に，図の面積で示すならば，

$$資本移動前の国民生産 = 国内生産 = A^*E^*K0^*$$

は国際資本移動により，国内生産は$A^*E'K'0^*$へ$E^*KK'E'$だけ増加し，労働の受取は$A^*C^*E^*$から$A^*E'r^*$へ，$C^*E^*E'r^*$だけ増加し，国内資本の受取は，

$C^*E^*K0^*$ から $r^*E''K0^*$ へ $E^*E''r^*C^*$ だけ減少する。従って，国民生産は A^*E' $E''K0^*$ へ $E'E''E^*$ だけ増加する。かくして世界全体では，$EE'E^*$ だけ生産水準が高まることになるが，自国の労働者と外国の資本所有者の所得は減少することになる。

しかし，貿易の利益で紹介した補償原理を援用すれば，すべての経済主体の経済厚生を高めることが可能である。

第2節　2産業モデルで国際投資の効果はどのように説明されるか

1．資本移動の効果はどのように説明されるか

同様の図を描いて資本移動により国内の2産業にどのような影響が出るかを見ることができる。下図の A_1B_1，A_2B_2，はそれぞれ第1産業と第2産業の資本の限界生産力曲線である。縦軸には利子率を，横軸には資本量をとってある。当初，国内資本の配分と利子率は，点Eに決まっていたとしよう。そこで，資本の流入（$0_20_2'$）があったとすると，均衡点は点E'に移行する。ここで国内利子率は国際利子率の水準 $r_1' = r_2'$ に等しくなっている。資本の流出を議論するときは，当初の第2産業の原点を $0_2'$，国際利子率をEの高さと考えればよい。まず国内利子率はEの高さからE'の高さへ下落する。労働者の産業間の移動はないと仮定すると，第1産業の労働の受取は A_1r_1E から $A_1r_1'E'$ へ増加する。同様に第2産業の労働の受取も A_2r_2E から $A_2'r_2'E'$ へ増大する。しか

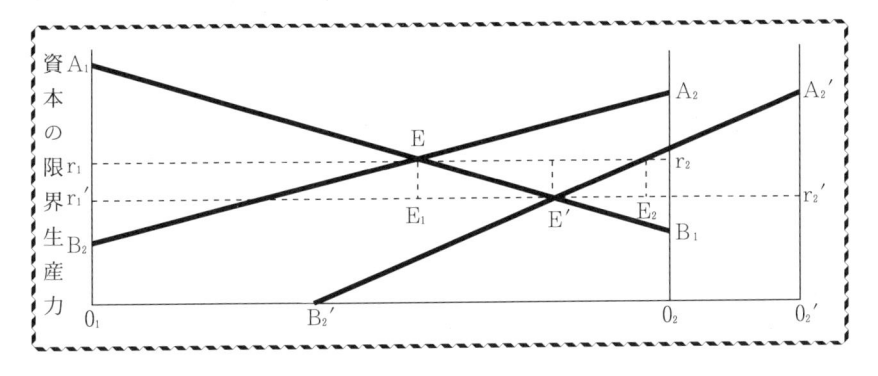

し自国資本の受取は（$r_1 - r_1'$）$0_1 0_2$だけ減少する。全体として，自国の国民所得は，外国資本への利子支払を含まないため，EE''が$0_2 0_2'$に等しいことに留意すれば，$EE_1 E'$と$E_2 E''$の大きさだけ増加することがわかる。逆に資本が$0_2 0_2'$だけ流出した場合は，上の場合と増減が逆になる。即ち労働の受取はいずれの産業でも減少し，資本の受取はいずれの産業でも増加する。国民所得は海外流出した資本の利子受取分（$0_2 0_2' \times r_2$）を含むから$0_2 0_2'$がEE''に等しいことに留意すれば$EE'E''$だけ増加することがわかる。

2．直接投資の効果はどのように説明されるか

前項では一般的な生産要素としての資本移動の効果を見たが資本移動が直接投資の形で行われる場合には資本増加の効果は特定の産業に現れることが多い。そこで再び同じ図を用いて直接投資の効果を見ることにしよう。ただし今度は図の縦軸に賃金率，横軸に労働量をとることにする。$A_1 B_1$と$A_2 B_2$は，それぞれ第１産業と第２産業の労働の限界生産力曲線である。各産業で使用されている資本は各産業に固有のもので，産業間を短期的には移動しないものと仮定する。当初，国内の賃金率は，E点で決まっていたものとしよう。直接投資が第２産業に導入されたとすると，第２産業の投入資本が増大するため，労働の限界生産力曲線は，$A_2 B_2$から$A_2' B_2'$へ上方シフトし，その結果，賃金率はE'

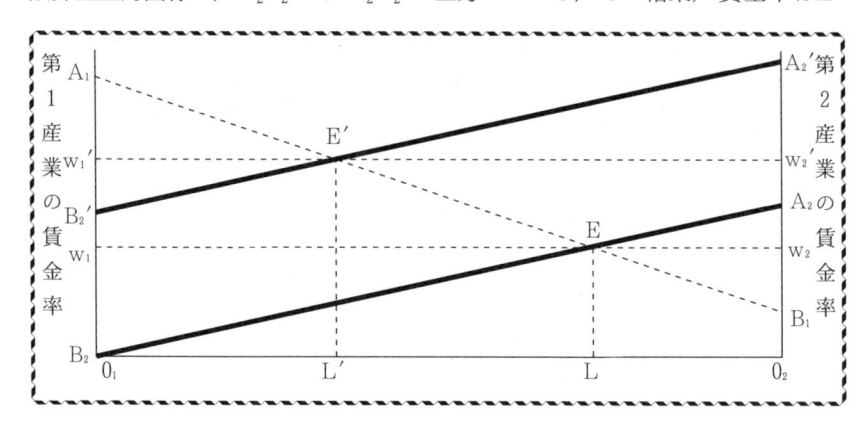

へ上昇する。第2産業の労働投入量は LO_2 から $L'O_2$ へ増加し，第1産業のそれは，O_1L から O_1L' へ減少する。

労働の受取は全体で，$w_1w_2O_2O_1$ から $w_1'w_2'O_2O_1$ へ増加するが，第1産業の資本の受取は A_1Ew_1 から $A_1E'w_1'$ へ減少する。一方，第2産業の資本の受取は，A_2Ew_2 から $A_2'E'w_2'$ へ増加するが，増加分の中には直接投資の受取分も含まれている。第2産業の資本受取の増加分のすべてが，直接投資の受取として吸収されると仮定すれば，国民所得の大きさは，$EE'w_2'w_2$ だけ増加することになる。また，国内生産の大きさは $EE'A_2'A_2$ だけ増加する。両者の差が直接投資の受取分である。

● 参 考 文 献 ●

(国際協力論)
　　　＊入門　　＊＊初級　　＊＊＊中級

1. ＊＊＊青木隆（1998）『開発援助論』学文社
2. ＊西垣昭，下村恭民（1999）『開発援助の経済学（新版）』有斐閣
3. ＊佐藤寛編（1996）『援助研究入門』アジア経済研究所
4. ＊外務省編（2002）『ODA白書（2001年度）』
5. ＊久保田勇夫（1997）『Q／Aわかりやすい ODA』ぎょうせい
6. ＊草野厚（1997）『ODAの正しい見方』筑摩書房
7. ＊游仲勲ほか（1980）『南北問題をみる眼』有斐閣
8. ＊＊小浜裕久（1998）『ODAの経済学（第2版）』日本評論社
9. ＊＊笹沼充弘（1991）『ODA批判を考える』工業時事通信社
10. ＊国際協力便覧（2002）国際協力銀行
11. ＊＊大野健一，大野泉（1993）『IMFと世界銀行』日本評論社
12. ＊鷲見一夫（1989）『ODA－援助の現実』岩波新書
13. ＊山本剛士（1988）『日本の経済援助』社会思想社
14. ＊＊FASID編（1999）『マイクロファイナンス読本』明石書店
15. ＊＊山田陽一（2000）『ODAとNGO』第一書房
16. ＊＊世界銀行編，小浜裕久訳ほか（2000）『有効な援助』東洋経済新報社

(国際開発論)
1. ＊世界銀行編，保科秀明訳（1991）『第三世界の開発問題』古今書店
2. ＊＊原洋之助（1996）『開発経済論』岩波書店
3. ＊渡辺利夫（1996）『開発経済学（第2版）』日本評論社
4. ＊＊白鳥正喜（1998）『開発と援助の政治経済学』東洋経済新報社
5. ＊＊＊FASID国際開発研究センター編，廣田政一ほか訳（1999）『地球公共財』日本経済新聞社
6. ＊＊＊アジア経済研究所編（2001）『テキストブック開発経済学』有斐閣ブックス
7. ＊＊＊ダグラス・C・ノース著，竹下公視訳『制度・制度変化・経済成果』晃洋書房
8. ＊＊＊絵所秀紀（2000）『開発の政治経済学』日本評論社
9. ＊＊柳原透，三本松進（1997）『東アジアの開発経験』アジア経済研究所
10. ＊＊増田萬孝（1996）『国際農業開発論』農林統計協会

11. ＊＊湯川摂子（1999）『ラテンアメリカ経済論』中央経済社
12. ＊嘉数啓，古田恒明（1997）『アジア型開発の課題と展望』名古屋大学出版会
13. ＊＊高木保興（2000）『開発経済学の新展開』有斐閣
14. ＊＊斉藤優（1995）『国際開発論』有斐閣
15. ＊環境省編（2002）『環境白書―平成14年版』ぎょうせい
16. ＊斉藤文彦（2002）『参加型開発』日本評論社
17. ＊＊恩田守雄（2001）『開発社会学』ミネルヴァ書房
18. ＊＊P・バータンほか著，福井清一ほか訳（2001）『開発のミクロ経済学』東洋経済新報社
19. ＊＊速水祐次郎（1996）『開発経済学』創文社
20. ＊稲田十一他（2000）『国際開発の地域比較』

（経済学）
1. ＊＊寺崎克志（1994）『解説ミクロ経済学』同文舘
2. ＊＊寺崎克志（1995）『解説マクロ経済学』同文舘
3. ＊＊＊寺崎克志（1998）『国際公共経済論』杉山書店

（洋書）
1. ＊＊Michael P. Todaro (1995), *Economic Development-Fifth Edition*, Longman.
2. ＊＊Nancy Birdsall, John Willicomson(2002), *Developing on Debt Relief*, Center for Global Development.
3. ＊＊＊Joseph Stiglitz (2002), *Globalization and its Discontents*, W.W.Norton Company.

著者紹介

廣田政一（ひろた まさかず）

1946年生れ
慶應義塾大学大学院経済学研究科修士課程修了
海外経済協力基金，国際協力銀行，名古屋大学客員教授，慶應義塾大学非常勤講師，明治大学兼任講師
現　職　目白大学人文学部教授
主要著書　FASID国際開発研究センター編（1999）『地球公共財』日本経済新聞社等

寺崎克志（てらさき かつし）　博士（経済学）

1949年生れ
慶應義塾大学大学院博士課程単位取得満期退学
現　職　目白大学経営学部教授
主要著書　International Trade, Investment, and Public Goods, Sugiyama Shoten等

国際経済開発論

2003年4月5日　第一版第一刷発行

著　者　廣　田　政　一
　　　　寺　崎　克　志
発行所　㈱ 学　文　社
発行者　田　中　千　津　子

東京都目黒区下目黒 3-6-1　〒153-0064
電話 03(3715)1501　振替 00130-9-98842

落丁，乱丁本は，本社にてお取替えします。
定価は売上カード，カバーに表示してあります。
Ⓒ2003 Hirota Masakazu & Terasaki Katsushi　Printed in Japan
ISBN 4-7620-1239-4　検印省略
印刷／新灯印刷株式会社